How We Organize Ourselves
우리는 함께 세상을 만들어가요

처음 시작하는 IB 수업 ⑤

How We Organize Ourselves
우리는 함께 세상을 만들어가요

우리가 함께 만드는 규칙, 책임, 그리고 역할의 의미

김선 지음

혜화동

Table of contents 차례

서문 　006

1장 학교는 어떻게 운영될까요?　008
학교의 역할과 운영 구조

2장 규칙은 왜 필요할까요?　026
규칙의 의미와 공동체의 질서

3장 우리는 어떻게 연결되어 있을까요?　050
사람들과의 관계망과 상호작용

4장 결정은 누가, 왜, 어떻게 내릴까요?　070
민주적 의사 결정과 참여 방식

5장 나도 경제활동을 할 수 있을까요?　088
생산, 소비, 직업의 이해

6장 세금은 왜 낼까요?   110
세금의 목적과 사회적 역할

7장 시민이 된다는 것은 어떤 것일까요?   130
지역사회 참여와 책임 있는 태도

8장 나만의 마을을 만들어 볼까요?   150
공동체 구성 요소와 도시 설계

9장 다양한 목소리를 듣는다는 것   170
다양성의 존중과 관점의 차이

서문
함께 만드는 우리 사회의 약속

"우리 사회는 어떻게 움직일까?"

"나는 어떤 역할을 맡고 있을까?"

이 책은 사람들이 함께 살아가기 위해 만든 구조와 시스템을 어린이 눈높이에서 풀어낸 이야기입니다. 학교 안에서 누가 어떤 일을 맡는지, 규칙이 왜 필요한지, 마을에는 어떤 시설이 있어야 하는지를 차근차근 살펴보며 사회가 움직이는 원리를 이해하도록 돕습니다. 또 어린이도 시민으로서 자기 목소리를 낼 수 있고, 서로 다른 생각을 존중해야 한다는 사실을 배우게 됩니다.

나와 다른 사람의 말과 행동이 서로에게 영향을 주듯, 모두의 참여가 모여 더 나은 공동체를 만들어 갑니다. 이 책은 어린이들이 사회의 소중한 구성원으로서 책임감 있게 생각하고 행동하는 힘을 기를 수 있도록 안내합니다.

1장 학교는 어떻게 운영될까요?

학교의 역할과 운영 구조

중심 개념
학교 (School)

관련 개념
교육 (Education)

사고 개념
기능 (Function)

연계 교과

- 사회: 학급 회의와 학생 자치, 지역사회 참여와 미디어의 역할을 통해 민주주의의 원리와 민주시민의 태도를 배우기
- 국어: 자치 과정에서 제안과 토론을 하며 주장을 논리적으로 표현하고 발표와 매체 활용을 통해 효과적으로 전달하기
- 창의적 체험활동: 학급 규칙을 정하고 역할을 맡으며 공동체를 운영하고 협력 활동 속에서 민주시민으로서 책임감 기르기

탐구 질문

❖ 학교는 왜 다양한 역할이 필요할까요?

❖ 내가 맡은 역할은 무엇이고, 어떤 기능을 하고 있나요?

❖ 내가 해 보고 싶은 새로운 역할이 있다면 무엇인가요?

교과서 속 연결 이야기

학교는 단순히 공부만 하는 공간이 아니라, 여러 역할이 모여 하나의 작은 사회처럼 운영되는 곳이에요.

사회 시간에는 학급 회의와 학생 자치회를 통해 민주주의의 의미와 의사 결정 과정을 배우며, 규칙이 만들어지고 지켜지는 원리를 이해해요. 또 주민 자치와 지역사회의 정치 참여 사례를 탐구하면서 학교 밖 민주주의의 모습도 살펴보지요. 나아가 미디어가 공동체 속 의견을 전하고 여론을 형성하는 역할을 배우며 민주시민으로서의 태도를 기릅니다.

국어 시간에는 자치회나 회의 과정에서 제안된 안건을 중심으로 주장의 타당성과 근거를 살펴보고, 질문을 만들며 토의에 참여해요. 또 면담과 발표를 통해 상대를 고려해 말하는 방법을 배우고, 자료를 정리해 매체를 활용하며 생각을 효과적으로 전달하는 힘을 길러요. 친구들과 함께 의견을 나누고 조정하는 과정에서 소통과 논리적 표현의 중요성도 배우게 되지요.

창의적 체험활동 시간에는 학급 규칙을 스스로 정하고, 다양한 역할을 맡아 공동체 운영에 참여해요. 친구들과 협력 활동을 하며 서로의 의견을 존중하고, 작은 문제를 함께 해결해 나가면서 민주시민으로서의 태도를 기릅니다. 학급과 학교를 넘어 지역사회와 연결된 자치 활동을 통해 더 넓은 공동체 의식과 책임감을 배우게 되지요.

그래서 학교가 어떻게 운영되는지를 배우는 것은 단순히 제도를 아는 것이 아니라, 민주적인 참여와 협력을 통해 나도 학교를 움직이는 중요한 주체라는 것을 깨닫고, 더 나은 공동체를 만들어 갈 능력을 키우게 해 줘요.

누가 학교를 움직일까요?

아침 햇살이 교문을 비추는 시간, 지민이는 오늘도 일찍 학교에 도착했어요.

복도를 걷던 중, 청소 도구함 앞에서 선생님과 마주쳤죠.

"지민아, 좋은 아침! 오늘은 교실 청소 당번이지?"

선생님이 웃으며 인사했어요.

"맞아요. 그런데 선생님, 학교는 누가 제일 먼저 와서 문을 열어요?"

선생님은 미소 지으며 대답했어요.

"좋은 질문이야! 학교가 아침부터 안전하게 운영되려면, 정말 많은 사람이 자기 자리를 지켜야 해."

지민이는 '학교는 누가, 어떻게 움직이는 걸까?' 하는 생각이 들었어요. 그래서 오늘 하루, **학교를 탐험하며 관찰 일기**를 써 보기로 했어요.

지민이는 수업 사이사이, 학교 곳곳을 살펴보았어요.

행정실에선 서류를 정리하고 전화를 받는 분들이, **보건실**에선 체온을 재고 응급약을 준비하는 보건 선생님이, **방송실**에선 방송부 언니 오빠들이 점심 방송을 녹음하고 있었어요. **급식실**에선 조리사 분들이 뜨거운 국을 끓이고, 복도에선 **청소하시는 분**들이 교실 바닥을 반짝반짝 닦고 계셨어요.

지민이는 점점 놀라기 시작했어요.

"이 많은 분이 제자리에 있어야 학교가 움직이는구나!"

지민이는 친구들과 함께 학교 지도를 그리고, 그 속에 각 공간에서 어떤 사람들이 일하고 있는지 표시했어요.

"학교가 진짜 하나의 사회 같아! 우리 반도 그렇지 않아?"

지민이는 말했어요.

다음 날, 선생님은 아이들과 함께 우리 반을 더 멋지게 운영할 방법을 고민했어요.

"지금부터 우리 반도 직접 조직을 만들어 보고 어떤 역할이 필요하고, 누가 어떤 일을 맡으면 좋을지 이야기해 보자."

아이들은 모둠별로 앉아 열심히 회의했어요.

"회의를 이끄는 반장이 필요해요!"

"모두의 의견을 잘 적는 서기도 있으면 좋겠어요."

"학교 행사도 도울 수 있게 문화부장 같은 역할도 만들어요!"

지민이는 자랑스럽게 말했어요.

"이제 우리 반도 진짜 하나의 작은 사회가 되었어요!"

그날 오후, 지민이네 반에서는 반장, 부반장, 서기, 환경부장, 체육부장 같은 학생 자치회 임원들을 스스로 뽑았어요.

아이들은 각자의 역할을 맡고, 규칙을 정하며 "우리 반을 우리가 함께 만들어 가요!"라고 선언했지요.

지민이는 마음속으로 생각했어요.

'나는 오늘, 학교가 어떻게 움직이는지 배웠고, 내가 그 안에서 얼마나 중요한 사람인지 알게 되었어!'

개념 이해

학교는 어떻게 시작되었을까요?

오늘날의 학교는 아주 오랜 시간 동안 변화하고 발전해 온 제도예요. 학교의 시작은 고대 문명에서 찾아볼 수 있어요. 고대 이집트, 인도, 중국, 그리스, 로마에서는 왕족이나 귀족, 사제 등 소수의 엘리트를 위한 교육이 이뤄졌어요. 일반 사람들은 학교에 다닐 수 없었고, 교육은 주로 종교나 행정 목적에 국한됐답니다.

중세 유럽에서는 수도원과 교회가 교육을 담당했고, 이슬람권에서는 모스크와 마드라사가 중요한 교육 공간이었어요. 이 시기의 학교는 선택받은 사람들만 다닐 수 있었고, 모두를 위한 공간은 아니었어요.

하지만 18세기 이후 산업혁명과 시민혁명이 교육의 방향을 크게 바꿔 놓았어요. 독일(프로이센), 프랑스, 미국 등에서는 무상 의무교육이 도입되면서 학교는 점차 대중 모두를 위한 제도로 자리잡았답니다. 체코의 교육자 코메니우스는 학년별 교실제, 같은 나이끼리 함께 배우는 학급 구조, 단계별 교육과정을 제안했는데, 이것이 오늘날 우리가 경험하는 학교 구조에 큰 영향을 주었어요. 학교는 이제 특별한 사람만을 위한 공간이 아니라, 누구나 함께 배우는 열린 장소가 되었답니다.

20세기 이후에는 학교의 역할과 방식에 대한 새로운 시도들이 계속 이어졌어요. 핀란드는 시험과 경쟁을 줄이고, 학생의 참여와 행복을 중심으로 한 교육 개혁을 시행하여 학업 격차를 줄이는 데 성공하며 세계적으로 주목을 받았지요. 숙제를 줄이고, 실험과 토론 중심의 수업을 확대하였으며, 모두가 함께 배우는 통합 학급을 운영해 학업 격차를 크게 줄였어요.

네덜란드에서는 O4NT(iPad School)와 같은 디지털 기반 학교가 등장했어요. 이 학교들은 학년 구분 없이, 학생 개개인의 학습 속도와 흥미에 따라 학습을 진행해요. 디지털 기기와 온라인 자료를 통해 학생 스스로 계획을 세우고 프로젝트를 수행하는 자기 주도  학습이 강조돼요. 학교의 시간과 공간의 경계는 점점 사라지고 있어요.

1960년대 이후에는 전 세계적 이슈에 대응하는 교육, 즉 '글로벌 시민 교육'이 강조되기 시작했어요. 다양한 국적과 문화를 가진 학생들이 함께 공부하는 국제 학교(International School)가 확산됐고, 국제 바칼로레아(IB) 같은 교육과정이 등장했어요. 이러한 학교들은 환경, 인권, 지속 가능성 등 세계적 문제를 다루며, 학생들이 지구촌의 시민으로 성장할 수 있도록 돕고 있어요.

K-12(유치원부터 고등학교까지의 교육) 제도는 미국을 중심으로 자리 잡았고, 현재는 세계 여러 나라에서 비슷한 학제가 운영되고 있어요. 이 제도는 초등학교부터 고등학교까지의 공교육을 체계적으로 이수한 뒤, 고등교육(대학교, 전문대학, 평생교육 등)으로 이어지는 구조예요. K-12 제도는 국제 학교, 공립학교, 사립학교를 불문하고 광범위하게

채택되고 있으며, 학제의 통일성과 교육 기회의 확대에 기여하고 있어요. 이러한 연계 덕분에, 학생들은 연령에 따라 일관된 교육과정을 경험할 수 있고, 진로 탐색과 고등교육으로의 진학도 훨씬 자연스러워졌어요.

또한 최근에는 온라인과 오프라인을 결합한 블렌디드(혼합) 수업, 인공지능을 활용한 개별 맞춤형 학습, 학생 중심의 진로 설계 등 새로운 교육 환경이 나타나고 있어요. 교육은 이제 학교라는 물리적 공간을 넘어, 시간과 장소의 제약 없이 이루어지는 방향으로 바뀌고 있죠.

오늘날의 ==학교는 단순히 지식을 전달하는 공간이 아니라, 문제 해결력, 창의성, 협업, 세계 시민성을 기르고, 학생 개개인의 다양성과 행복을 중시하는 미래 지향적인 학습 공동체==로 변하고 있어요. 학교는 이제 끊임없이 변화하는 사회와 기술에 대응하는, 살아 있는 교육의 장이 되었답니다.

개념 확장

우리가 만들어 가는 학교
- 학생 자치회란?

학교는 선생님들만이 운영하는 곳이 아니에요. 학생들도 함께 학교를 만들어 가는 주인공이 될 수 있답니다. 바로 그 중심에 있는 것이 학생 자치회예요.

학생 자치회(Student Council)는 학생들이 학교생활에 직접 참여하고, 학교를 더 나은 공간으로 만들기 위해 서로 의견을 나누고 함께 행동하는 조직이에요. 학생 스스로 회장을 뽑고, 회의를 열고, 문제를 발견하고, 해결 방법을 제안하면서 민주적인 경험을 배울 수 있어요.

한국의 학생 자치회: 규칙을 만들고, 목소리를 내다

한국의 많은 초·중·고등학교에는 학생 자치회가 있어요. 보통 전교 회장, 부회장, 그리고 각 반 대표들이 모여 회의를 열고, 학교생활에 필요한 아이디어를 나눠요. 예를 들어, 쉬는 시간을 더 알차게 보내는 방법을 제안하거나, 친구들 사이에 생긴 갈등을 어떻게 해결할지 이야기하기도 해요.

서울의 한 초등학교에서는 학생들이 자치회에서 '책 읽기 캠페인 주간'을 직접 기획하여, 교실마다 독서 퀴즈를 만들고, 점심시간에는 책을 낭독하는 방송을 했답니다. 이 활동은 선생님이 아니라 학생들이 주도했기 때문에 친구들의 참여가 훨씬 활발했고, 즐거운 독서 문화가 만들어졌어요.

또 어떤 중학교에서는 '학생 권리 선언문'을 학생들이 직접 만들기도 했어요. 친구 사이의 예절, 교내 휴대전화 사용 시간, 환경 보호 실천 등에 관한 내용을 담아 학교와 협의해 실제 규칙으로 반영하기도 했지요. 이러한 활동을 통해 학생들은 단순한 참여를 넘어, 학교 안 민주주의를 실제로 경험하게 돼요.

해외의 학생 자치회: 세계 곳곳의 살아 있는 민주주의 교실

핀란드에서는 초등학생도 자치회에 참여해요. 매년 반 대표와 자치회 임원이 선출되고, 이들은 교장 선생님과 함께 급식 문제, 교내 놀이 시설, 학교 축제 등을 논의하지요. 학생들의 아이디어가 받아들여지면 실제로 학교 운영에 반영되기도 해요. 예를 들어, 한 학교에서는 학생 자치회가 제안한 '조용한 휴식 공간 만들기' 아이디어가 채택되어 도서실 한편에 쿠션과 음악이 흐르는 공간이 생겼어요.

영국에서는 일부 초등학교가 의회식 자치회(Student Parliament)를 운영해요. 학생들은 정당처럼 팀을 구성하고, 공약을 만들고, 선거 운동을 펼친 후 투표를 통해 대표를 뽑아요. 그리고 회의 때는 의장, 서기, 발언권, 안건 제출 등 실제 민주주의 회의 절차를 체험하지요. 이런 과정을 통해 학생들은 ==의사소통, 책임감, 협상력==을 자연스럽게 배워 나가요.

미국의 여러 학교에서는 학생 자치회가 지역사회 봉사 활동을 함께 기획해요. 플로리다의 한 중학교에서는 자치회 학생들이 지역 고령자 요양원과 연계해 편지 쓰기와 공연 프로그램을 운영하고, 친구들의 참여를 위해 포스터와 뉴스레터(소식지)도 학생들이 직접 만들었답니다. 학교 밖에서도 시민으로 해야 할 역할을 배우는 살아 있는 교육이에요.

학생 자치회의 교육적 가치

학생 자치회는 단순한 행사 조직이나 형식적인 대표 활동을 넘어서, 학생들이 스스로 주도권을 갖고 책임과 권리의 균형을 배우는 배움터예요. 학생들은 단지 수동적으로 지시를 따르는 존재가 아니라, 자신의 의견을 표현하고, 함께 결정하며, 직접 실천하는 공동체의 일원임을 체험하게 돼요.

이러한 경험은 앞으로 사회에서 민주 시민으로 살아가는 데 꼭 필요한 자질을 키우는 데 밑거름이 돼요. 더불어, 학생들 사이의 갈등을 조율하고, 서로 공감하고, 팀워크를 이루는 능력도 자연스럽게 길러진답니다.

확장 활동

우리 학교 바꾸기 제안서 만들기

학교는 많은 사람의 협력으로 움직이는 작은 사회예요. 이번 활동에서는 학교생활에서 불편한 점이나 개선하고 싶은 점을 찾아보고, 학교 조직과 연결하여 해결 방법을 스스로 제안해 볼 거예요.

> **준비물**
> 제안서 양식 또는 A4 용지, 색연필 또는 사인펜, 조사 메모지

❖ **활동 방법**

1. 학교생활 관찰하기

  수업 시간이나 쉬는 시간, 점심시간 동안 "이건 바뀌면 좋겠는데?" 하는 점을 찾아봐요.

(예) "복도가 너무 혼잡해요.", "게시판에 정보가 잘 안 보여요.")

2. 관련 조직과 역할 떠올리기

문제와 관련된 사람들은 누구일까요?

(예) 복도 문제 → 시설 담당 직원, 생활 지도 선생님, 청소 당번 등)

3. 아이디어 만들기

문제를 해결하는 방법을 생각해 봐요.

(예) 복도 걷기 캠페인 포스터 만들기, 휴식 시간 구간별 이동제 등)

4. 제안서 작성하기

- 문제 상황, 관련 인물, 해결 아이디어, 기대되는 효과 등을 정리하여 한 장의 제안서로 완성해요.
- 그림과 도표를 함께 그리면 더 좋아요!

❖ **탐색 질문**

- 학교를 더 나은 곳으로 만들기 위해 내가 할 수 있는 일은 무엇일까요?
- 한 가지 변화가 생기면, 학교 전체에 어떤 영향을 줄 수 있을까요?
- 협력과 소통은 왜 중요할까요?

2장 규칙은 왜 필요할까요?

규칙의 의미와 공동체의 질서

중심 개념

규칙 (Rule)

관련 개념

질서(Order)
약속(Promise)

사고 개념

기능(Function)
관점(Perspective)

연계 교과

- 사회: 법이 생활 속에서 어떤 역할을 하는지 배우고, 인권과 기본권의 의미를 이해하며 침해 문제 해결 방법 탐구하기
- 국어: 규칙을 주제로 한 토의·토론에서 주장의 근거를 살펴보고, 질문·발표·자료 활용을 통해 생각을 효과적으로 전달하기
- 창의적 체험활동: 우리 반 규칙을 직접 만들고 협력 속에서 지켜보며 공동체적 책임과 민주시민의 태도 기르기

탐구 질문

❖ 규칙은 왜 생겨났을까요?

❖ 규칙이 없다면 어떤 일이 일어날까요?

❖ 모두가 동의하지 않는 규칙도 지켜야 할까요?

교과서 속 연결 이야기

　규칙은 단순히 불편을 주는 약속이 아니라, 우리가 함께 어울려 생활하기 위해 꼭 필요한 기본 틀이에요.

　사회 시간에는 우리 생활 속에서 법이 어떤 역할을 하는지 배우고, 인권과 기본권이 왜 중요한지 살펴봐요. 실제 사례를 통해 인권이 침해되는 상황을 이해하고, 그것을 어떻게 해결할 수 있는지도 고민해요. 이 과정을 통해 법은 단순한 규제가 아니라, 모든 사람이 평등하고 존중받으며 살아갈 수 있도록 지켜주는 장치라는 것을 알게 되지요.

국어 시간에는 규칙을 주제로 한 토의와 토론을 하며, 주장을 뒷받침하는 근거를 살펴보고, 서로의 생각을 비교하며 의견을 조정해요. 또한, 질문을 만들고, 발표나 자료 활용을 통해 규칙의 필요성을 효과적으로 설명하는 연습을 하지요. 이런 과정을 통해 논리적으로 말하고 듣는 힘을 기르게 돼요.

창의적 체험활동 시간에는 우리 반만의 규칙을 직접 만들어 보고, 학급 생활 속에서 스스로 지켜보면서 민주시민의 태도를 길러요. 친구들과 협력해 새로운 약속을 세우고, 모두가 동의할 수 있는 규칙을 찾아가는 과정에서 공동체 속 책임감과 참여의 의미를 배우게 되지요.

그래서 규칙을 배우는 것은 단순히 정해진 규칙을 따르는 것이 아니라, 함께 어울려 살아가는 데 필요한 약속을 이해하고, 인권을 존중하며 더 좋은 공동체를 만들어 가는 태도를 배우는 과정이에요.

우리 놀이터엔 규칙이 없어요!

 점심시간이 되자 유빈이와 친구들은 운동장으로 달려 나갔어요. 햇볕이 따사롭게 비치는 날, 바람도 살랑살랑 불고 있었죠.
 친구들은 그네, 줄넘기, 축구, 숨바꼭질… 하고 싶은 놀이를 하러 흩어졌어요.
 그런데 놀이터는 금세 시끌벅적해졌어요.
 "줄넘기 순서 지켜!"

"내가 먼저 그네 탈 차례야!"

"내 공인데 왜 마음대로 가져가?"

"아니야, 내가 먼저 왔잖아!"

서로의 말을 끊고, 목소리는 점점 커졌어요.

곧 누군가는 울고, 누군가는 기분이 상해 아무 말도 하지 않고, 누군가는 화가 나서 소리쳤어요. 놀이터였지만, 즐거운 웃음소리보다 다투는 말소리가 가득했어요.

유빈이는 그 모습을 보며 멀찍이 떨어져 앉았어요.

'왜 이렇게 자꾸 싸우는 거지?'

'그냥 놀고 싶은 건데 왜 다들 화가 나 있을까?'

그러다 문득 궁금해졌어요.

'우리 놀이터에는 규칙이 있어? 아니면… 없는 걸까?'

규칙은 왜 필요할까요?

교실로 돌아온 유빈이는 선생님께 여쭤봤어요.

"선생님, 놀이터에서 자꾸 싸움이 나요. 왜 그런 걸까요?"

선생님은 고개를 끄덕이며 아이들에게 물었어요.

"여러분, 규칙이 꼭 필요한 걸까요? 왜 그럴까요?"

아이들의 손이 여기저기서 올라갔어요.

"규칙이 없으면 싸움만 나요. 줄서기 안 지키면 난장판이에요."

"하지만 너무 복잡한 규칙은 좀 싫어요. 너무 답답해요."

"맞아요! 그리고 나만 지키면 억울해요. 안 지키는 친구들도 있잖아요."

선생님은 칠판에 '규칙'이라는 단어를 크게 쓰며 말씀하셨어요.

"규칙은 우리가 모두 안전하고, 공평하게 지내기 위해 만든 약속이에요. 그런데 중요한 건, 그 규칙이 왜 만들어졌는지, 누구에게 어떤 영향을 주는지 생각해 보는 힘도 함께 길러야 해요."

유빈이는 '생각해 보는 힘'이라는 말에 귀가 쫑긋 섰어요.

'그럼 그냥 지키기만 하면 되는 게 아니라, 이해하는 것도 중요한 거구나!'

우리가 만드는 놀이 규칙

다음 날, 선생님은 아이들과 함께 놀이 시간에 관한 이야기를 꺼냈어요.

"어제 있었던 일들을 떠올려 보세요. 어떤 문제가 있었나요?"

아이들은 조용히 생각하다가 하나씩 말하기 시작했어요.

"줄넘기할 때, 순서를 정하는 사람이 없어서 계속 싸웠어요."

"공이 두 개인데 누가 먼저 쓰는지 몰라서 서로 화냈어요."

"그네를 너무 오래 타는 친구가 있어서 다른 애들이 기다리다 그냥 갔어요."

선생님은 고개를 끄덕이며 말씀하셨어요.

"그럼, 우리가 우리만의 규칙을 만들어 보면 어떨까요? 놀이를 더 즐겁게 하고, 다툼도 줄일 방법을 스스로 생각해 보는 거예요."

아이들은 처음엔 머뭇거리다가 곧 활발하게 아이디어를 내기 시작했어요.

"그네는 2분 넘으면 다른 친구에게 넘겨주기!"

"공놀이 먼저 시작한 사람이 10분 동안 사용하고, 그다음에 다른 친구랑 바꾸기!"

"줄넘기는 줄 세워서, 2번 이상 하면 뒤로 가기!"

유빈이는 손을 들고 말했어요.

"그리고 꼭 순서를 지키지 않아도 돼요. 양보하고 싶은 날은 친구한테 먼저 하라고 할 수 있어요."

모두가 고개를 끄덕였어요.

그날, 반 친구들은 '우리 반 놀이터 규칙'을 정리해서 큰 도화지에 적고, 복도에 붙였어요.

규칙 아래에는 이렇게 쓰여 있었어요.

"우리는 싸우지 않기 위해서가 아니라, 모두가 즐겁기 위해 이 규칙을 만들었어요."

유빈이는 미소 지으며 생각했어요.

'아하, 규칙은 나를 불편하게 하려고 있는 게 아니라, 우리가 함께 잘 놀기 위해 꼭 필요한 거였구나!'

개념 이해

헌법이란 무엇일까요?

여러분, 학교에는 규칙이 있어요. 예를 들어, 수업 시간에는 떠들지 않기, 복도에서는 뛰지 않기 같은 것들이죠.

이런 규칙 덕분에 모두가 안전하고 즐겁게 학교생활을 할 수 있어요.

나라에도 꼭 지켜야 할 큰 규칙이 있어요. 그것이 바로 헌법이에요.

헌법은 우리나라에서 가장 중요하고 가장 위에 있는 법이에요. 대통령, 국회의원, 판사, 선생님, 그리고 우리 모두가 꼭 지켜야 한답니다.

왜 헌법이 필요할까요?

만약 나라에 아무 규칙도 없다면 어떻게 될까요?

- 마음대로 싸움을 걸거나 괴롭혀도 아무도 막을 수 없어요.
- 힘센 사람이나 돈 많은 사람만 마음대로 할 수도 있어요.
- 누군가 억울한 일을 당해도 해결해 줄 방법이 없어요.

그래서 사람들끼리 지켜야 할 가장 중요한 약속을 정한 거예요.

그 약속이 바로 헌법이고, 우리가 안전하고 공평하게 살아갈 수 있게 도와주는 법의 기본이자 뿌리예요.

헌법이 하는 일

헌법은 우리나라를 안전하고 공정하게 만들기 위해 다음과 같은 일을 해요.

1. 국민의 권리를 지켜 줘요

- 말할 자유, 배울 자유, 종교의 자유, 모임의 자유 등
- 누구든 차별 없이 평등하게 대우받을 권리
- 국가로부터 보호받고, 필요한 도움을 받을 권리

→ 이 내용은 헌법 제10조부터 제39조까지에 적혀 있어요.

2. 나라의 운영 방법을 정해요

- 누가 대통령이 될 수 있는지, 국회와 법원이 어떤 일을 하는지
- 지방자치단체는 어떻게 구성되는지 등

→ 이 내용은 헌법 제40조부터 제130조까지에 나와 있어요.

3. 다른 법의 기준이 돼요

- 예를 들어, 학교 규칙이나 시청 조례 같은 것도 모두 헌법을 따라야 해요.
- 헌법에 어긋나는 법은 사용할 수 없어요.

→ 그래서 헌법은 법 위의 법이라고 불리기도 해요.

우리나라 헌법 이야기

우리나라 헌법은 1948년 7월 17일, 대한민국 정부가 시작될 때 처음 만들어졌어요. 이날을 기념해서 제헌절이라고 부르며, 해마다 기억하고 있어요.

헌법은 지금까지 여러 번 고쳐졌지만, 헌법 속에 담긴 큰 약속은 계속 지켜지고 있어요.

아래 내용은 헌법 조항을 쉽게 정리한 것이에요.

> **제1조**
> 대한민국은 민주공화국이다.
> 대한민국의 주권은 국민에게 있고, 모든 권력은 국민으로부터 나온다.

- 우리나라의 주인은 국민이고, 중요한 결정과 권력은 국민에게서 나온다는 뜻이에요.

> **제10조**
> 모든 국민은 인간으로서의 존엄과 가치를 가지며,
> 행복을 추구할 권리를 가진다.
> 국가는 개인이 가지는 불가침의 기본적 인권을 확인하고
> 이를 보장할 의무를 진다.

- 모든 사람은 소중하고 행복해질 권리가 있으며, 나라가 이 권리를 지켜 줘야 해요.

제11조
모든 국민은 법 앞에 평등하다.
누구든지 성별·종교 또는 사회적 신분에 의하여 정치적·경제적·
사회적·문화적 생활의 모든 영역에 있어서 차별을 받지 아니한다.

- 남자, 여자, 종교, 돈 많고 적음에 상관없이 모두 똑같이 대우받아야 하고, 나라가 평등하게 살도록 도와야 해요.

제31조
모든 국민은 능력에 따라 균등하게 교육을 받을 권리를 가진다.
모든 국민은 그 보호하는 자녀에게
적어도 초등교육과 법률이 정하는 교육을 받게 할 의무를 진다.

- 모든 사람은 배우고 싶은 만큼 배울 권리가 있고, 부모는 자녀가 초등학교를 다니도록 해야 하며, 나라가 모두가 배울 수 있게 도와야 해요. 학교 공부는 공정하고 정치와 상관없이 가르쳐야 한다는 뜻이에요.

제32조
모든 국민은 근로의 권리를 가진다.
모든 국민은 근로의 의무를 진다.
근로조건의 기준은 인간의 존엄성을 보장하도록 법률로 정한다.
여자의 근로는 특별한 보호를 받으며,
고용·임금 및 근로조건에 있어서 부당한 차별을 받지 아니한다.
연소자의 근로는 특별한 보호를 받는다.

• 일하는 사람도 안전하고 편하게 일할 권리가 있고, 나라가 근무 시간, 쉬는 시간, 돈을 공정하게 보장해 주어야 해요. 여자와 어린 사람은 더 특별히 보호받아야 해요.

> **제34조**
> 모든 국민은 인간다운 생활을 할 권리를 가진다.
> 국가는 사회보장·사회복지의 증진에 노력할 의무를 진다.

• 모든 국민은 인간다운 삶을 누릴 권리가 있으며, 국가는 사회복지, 여성·노인·청소년·장애인의 복지 향상과 재해 예방을 위해 노력해야 해요.

헌법은 지금도 우리와 함께해요

헌법은 아주 두꺼운 책처럼 보일 수도 있지만, 그 안에는 우리가 서로를 존중하고 공평하게 살아가는 법이 담겨 있어요.

학교에서 줄을 설 때, 친구와 순서를 정할 때, 의견을 말할 때, 선거로 반장을 뽑을 때도 사실 우리는 헌법에서 말하는 자유, 평등, 책임, 참여 같은 가치를 배우고 실천하고 있는 거예요. 그리고 어른이 되면, 직접 투표를 통해 나라의 방향을 결정할 수 있어요.

==헌법은 우리 모두가 올바르고 책임감 있는 시민이 되도록 이끌어 주는 '나라의 약속 책'==이에요.

개념 확장

규칙을 바꾼 사람들
- 역사를 움직인 용기 있는 선택

옛날에는 지금 우리가 당연하게 누리는 권리들이, 어떤 사람들에게는 허락되지 않았던 적이 있었어요. 피부색이 다르다는 이유로, 여자라는 이유로, 또는 어리다는 이유로 말이에요. 이런 불공평한 규칙을 바꾸기 위해 용기 있게 나섰던 사람들이 있었답니다.

버스 자리에서 시작된 변화 – 로자 파크스와 킹 목사 이야기

1950년대 미국 남부에는 백인과 흑인이 함께 살고 있었지만, 학교, 식당, 화장실, 심지어 버스 좌석까지도 '백인 전용', '흑인 전용'으로 나뉘어 있었어요. 흑인들은 항상 백인보다 뒤에 앉아야 했고, 백인이 많으면 자리를 양보해야 했어요. 이런 규칙은 너무나 부당했지만, 많은 사람이 침묵하고 있었죠.

하지만 1955년, 한 흑인 재봉사였던 로자 파크스 아주머니는 몽고메리라는 도시의 버스에서 백인에게 자리를 양보하라는 운전사의 말에 조용히 "싫어요"라고 대답했어요. 그녀는 체포되었고, 이 사건은 미국 전역에 알려졌어요.

이 일에 깊은 감동받은 마틴 루터 킹 주니어 목사님은 "이건 단순한 좌석 문제가 아니에요. 인간의 존엄과 자유를 위한 싸움이에요."라며 사람들을 이끌기 시작했어요. 그는 폭력을 쓰지 않고, 노래와 연설, 평화로운 행진으로 사람들의 마음을 움직였어요.

그중에서도 유명한 말이 있어요.

"나는 꿈이 있습니다. 언젠가 내 아이들이 피부색이 아니라, 그 사람의 인격으로 평가받는 날이 오리라는 꿈입니다."(마틴 루터 킹, 1963년 워싱턴 행진 연설 중)

이 연설은 미국뿐 아니라 전 세계 사람들에게 큰 감동을 주었어요. 그리고 마침내, 인종차별 규칙은 점점 사라지기 시작했답니다.

1963년 8월 28일
싱턴 D.C., 링컨 기념관 앞
출처: 미국 연방 정부 제작

학교에 가고 싶었던 여자아이 - 말랄라의 외침

파키스탄의 스와트 계곡에는 아름다운 자연과 함께 오래된 전통이 있는 마을들이 있어요. 이곳에 사는 말랄라 유사프자이는 어린 시절부터 공부를 좋아하고, 미래에는 선생님이 되고 싶었어요. 말랄라의 아버지는 마을에서 학교를 운영하며, 딸에게도 남자아이들과 똑같이 교육받을 권리가 있다고 믿었죠.

하지만 말랄라가 자라던 시기에, 탈레반이라는 무장 단체가 그 지역을 점령하게 되었어요. 그들은 여자아이들이 학교에 다니는 것을 금지했어요. 학교 문이 닫히고, 책이 불태워지고, 여자아이들의 교복은 입을 수 없게 되었죠. 말랄라는 무서웠지만, 가만히 있을 수 없었어요.

그래서 11살 때부터 BBC에 "굴 마카이"라는 필명으로 쓰기 시작했어요. "굴 마카이"라는 가명으로 쓰인 블로그에는 이런 내용이 있었어요.

"총을 든 사람들이 우리를 위협하지만, 나는 학교에 간다. 교육은 누구도 빼앗을 수 없는 내 권리다."

그녀의 글은 점점 세계 언론에 소개되었고, 말랄라는 파키스탄에서 여자 교육을 위해 목소리를 내는 가장 어린 운동가가 되었어요. 하지만 그만큼 위험도 커졌어요. 2012년, 학교에서 돌아오던 버스 안에서 말랄라는 탈레반에 의해 총을 맞았어요. 모두가 걱정했지만, 기적처럼 말랄라는 살아났고, 전 세계의 응원과 사랑을 받으며 치료를 받았어요.

회복한 말랄라는 침묵하지 않았어요. 2013년, 말랄라는 뉴욕의 유엔 본부에 서서 전 세계 대표들 앞에서 연설을 했어요. 아직 16살이었지만, 말은 단호했고, 표정은 진지했어요.

"그들은 총으로 우리를 침묵시키려 했지만, 실패했습니다. 한 아이, 한 선생님, 한 책, 하나의 펜이 세상을 바꿀 수 있습니다."

이 연설은 전 세계 어린이와 어른에게 큰 감동을 주었고, "말랄라 데이"는 유엔이 그녀의 생일인 7월 12일을 기념하며 어린이 권리를 알리는 날로 지정되었어요. 말랄라는 그 뒤로도 계속해서 학교에 갈 수 없는 아이들을 위해 책을 쓰고, 연설을 하며 활동하고 있어요.

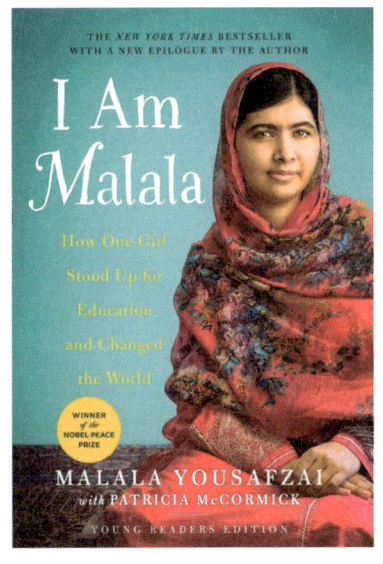

그녀의 책 『나는 말랄라』는 전 세계에서 읽히고 있는데, 그 안에는 이런 말도 있어요.

"나는 전쟁이 아니라 교육을 원합니다. 나는 침묵이 아니라 목소리를 원합니다."

말랄라는 2014년 노벨 평화상을 받은 가장 어린 수상자예요. 하지만 그녀는 상보다 더 중요한 것이 있다고 말해요. 바로, 모든 아이가 학교에 갈 수 있는 세상이 되는 것.

이처럼 잘못된 규칙은 누군가의 용기와 외침을 통해 바뀌어 왔어요. 규칙이 항상 옳은 것은 아니에요. 어떤 규칙은 소수의 사람에게 불공평할 수도 있지요. 하지만 역사는, 옳은 방향으로 규칙을 바꾸려는 사람들의 행동으로 조금씩 나아졌어요. 우리도 그런 변화의 씨앗이 될 수 있어요.

확장 활동

규칙이 없다면 어떻게 될까?

"만약 세상에 규칙이 하나도 없다면 어떻게 될까요?"
이 질문에서 출발하는 상상 역할극 활동이에요. 친구들과 함께 '규칙 없는 나라'에 사는 사람들을 연기해 보고, 그 안에서 어떤 일이 벌어지는지 직접 체험해 볼 거예요.

준비물

역할극 상황 카드(예 신호등 없는 도로, 줄 없는 급식실, 반장 선거 규칙 없음 등), 간단한 소품(모자, 깃발, 이름표 등), 활동 관찰지 또는 기록지

❖ 활동 방법

1. 모둠별로 '규칙이 없는 상황'을 주제로 짧은 연극을 준비해요.

> 예
> - 신호등이 꺼진 횡단보도에서 사람들이 마음대로 길을 건너는 모습
> - 친구들과 급식 줄을 서지 않고 먼저 밀치며 받으려는 모습
> - 체육 시간에 경기 규칙 없이 공을 빼앗고 싸우는 모습

2. 각 모둠은 무대에서 그 상황을 연기하고, 다른 친구들은 관찰자가 되어 어떤 문제가 생겼는지 기록해요.

3. 역할극이 끝난 후, 다 함께 토론해 보세요.
   - 어떤 문제가 가장 불편했나요?
   - 만약 규칙이 있었다면 어떻게 달라졌을까요?

❖ 탐색 질문

- 규칙이 없으면 생기는 문제는 무엇인가요?
- 내가 평소에 지키는 규칙 중 가장 중요한 것은 무엇인가요?
- 불편하거나 불공평한 규칙이 있다면, 어떻게 바꾸면 좋을까요?

3장 우리는 어떻게 연결되어 있을까요?

사람들과의 관계망과 상호작용

관련 개념
이웃
(Neighbor)

중심 개념
공동체
(Community)

사고 개념
연결
(Connection)

연계 교과

- **사회**: 지역사회의 다양한 기관과 사람들의 역할을 이해하고 이들이 서로 연결되는 방식 탐구하기
- **도덕**: 이웃과의 관계 속에서 배려·존중·책임의 가치를 배우며 공동체적 태도 기르기
- **창의적 체험활동**: 공동체 연결망이나 마을 지도를 만들어 나와 공동체의 관계를 시각화하고 협력 경험하기

탐구 질문

❖ 우리 가족, 학교, 지역사회는 어떻게 연결되어 있을까요?

❖ 내가 속한 공동체는 어떤 역할을 하나요?

❖ 나는 공동체에서 어떤 역할을 할 수 있을까요?

교과서 속 연결 이야기

우리가 공동체 속에서 살아간다는 것은 단순히 한 공간에 모여 있다는 뜻이 아니라, 서로의 역할과 도움으로 이어져 있다는 것을 깨닫는 일이에요.

사회 시간에는 내가 사는 마을과 지역을 다양한 장소와 경험을 통해 이해하고, 그 속에서 느낄 수 있는 그곳만의 특별한 분위기와 느낌을 존중하는 태도를 배워요. 시장, 병원, 우체국, 소방서 같은 기관의 기능과 협력을 살펴보며, 개인의 역할이 지역사회와 어떻게 연결되는지도 탐구하지요. 또 지도의 기본 요소를 익히고 우리 지역의 위치와 지리 정보를 찾아보며, 삶터를 더 좋은 곳으로 만들 방안도 함께 고민해요.

도덕 시간에는 이웃과 함께 살아가며 지켜야 할 예절과 배려, 책임감을 배우며 공동체의 가치를 생각해요. 내가 도움을 받을 때뿐 아니라, 다른 사람에게 도움을 주는 행동이 모두를 행복하게 만든다는 것을 배우고, 존중과 나눔이 공동체의 기반임을 깨닫게 되지요.

창의적 체험활동 시간에는 나를 중심으로 한 '공동체 연결망'을 직접 그려 보거나, 우리 마을 지도를 만들어 기관과 사람들을 표시하며 실제로 우리가 어떻게 연결되어 있는지를 탐구해요. 친구들과 함께 협력 활동을 하며 공동체 속에서 나의 역할을 찾고, 더불어 살아가는 태도를 기르게 된답니다.

그래서 공동체의 연결을 배우는 것은 단순히 주변 사람들을 아는 것이 아니라, 내가 그 속에서 어떤 역할을 맡고 다른 사람들과 함께 어떤 변화를 만들어 갈 수 있는지를 깨닫는 일이에요.

보건실에서 시작된 연결 고리

점심시간이 조금 남았을 무렵, 지환이는 갑자기 배가 아파서 교실 밖으로 나왔어요. 친구 현우가 걱정스러운 얼굴로 따라오며 말했죠.

"지환아, 괜찮아? 보건실 같이 가자."

현우의 도움으로 보건실에 도착한 지환이는, 따뜻한 담요를 덮고 누워 있었어요.

보건 선생님께서 부드럽게 말씀하셨어요.

"괜찮아질 거야. 점심을 너무 급하게 먹어서 그럴 수도 있고, 스트레스를 받았을 수도 있단다."

지환이는 보건 선생님의 말씀에 마음이 편해졌어요.

잠시 후, 선생님이 꺼내 온 따뜻한 보리차를 마시며 생각했죠.

'내가 아플 때 도와주는 선생님도 있고, 나 대신 수업 자료를 챙겨 주는 친구도 있고… 이렇게 서로 돕는 게 우리가 연결되어 있다는 뜻이구나.'

연결된 우리 - 마을, 학교, 그리고 나

그날 오후, 사회 시간. 선생님은 이렇게 말씀하셨어요.

"오늘은 '우리 지역사회'를 함께 살펴보겠습니다.

우리가 살고 배우는 이곳엔 어떤 사람들과 역할이 있을까요?"

아이들은 여기저기서 손을 들었어요.

"청소하시는 분들이 매일 아침 학교 복도와 화장실을 청소해 주세요!"

"급식실 조리사 분들이 맛있는 밥을 해 주세요."

"동네에 있는 약국에서 감기약을 지을 수 있어요."

지환이는 조용히 손을 들었어요.

"저는 오늘 보건실 선생님이 제일 고마웠어요. 제가 아프니까, 따뜻한 말도 해 주시고, 차도 끓여 주셨어요."

선생님께서 웃으며 말씀하셨어요.

"그래요. 선생님도 우리가 서로를 위해 얼마나 많은 역할을 하고 있는지 새삼 느껴요."

연결망 만들기 – 내가 속한 공동체를 그려 보자

그날 숙제로 '내가 속한 공동체 연결망'을 그려 오는 과제가 나왔어요.

지환이는 책상 앞에 앉아 큰 종이를 꺼냈어요.

가운데 '나'를 그리고, 선처럼 퍼져 나가는 연결선을 그렸어요.

그 옆에는 친구들, 담임 선생님, 보건 선생님, 급식실 조리사 선생님, 환경미화원, 병원 간호사, 소방관까지 이어졌어요.

지환이는 가족과 이야기하며 설명했어요.

"이건 내가 다니는 학교, 이건 병원, 이건 우리 동네 도서관, 이건 우리 아파트 경비 아저씨."

엄마는 웃으며 말씀하셨어요.

"지환아, 넌 정말 멋진 연결 지도를 그렸구나. 우리가 함께 살아간다는 걸 잘 표현했네."

공동체의 얼굴들 – 마을 지도로 확장하기

다음 날, 교실에서는 모둠별 활동이 시작됐어요.

"우리 마을에 있는 시설과 사람들이 하는 일을 찾아보자!"

지환이네 모둠은 커다란 마을 지도를 만들며, 그 안에 소방서, 우체국, 도서관, 시장, 약국, 버스 정류장, 학교 등을 표시했어요.

그리고 그 옆에 '누가', '어떤 일을' 하는지를 함께 적었죠.

"우체국 - 편지를 전달하는 집배원 아저씨"

"도서관 - 책을 정리하고 안내해 주시는 사서 선생님"

"시장 - 신선한 과일을 파는 과일 가게 아주머니"

아이들은 지도 옆에 이렇게 쓰기도 했어요.

"우리 마을은 서로 돕는 연결망이에요. 누구 하나 빠져도 불편해져요."

지환이는 그 말을 읽으며 고개를 끄덕였어요.

"그래. 나는 혼자가 아니라, 모두와 연결되어 있어."

우리가 함께 있다고 느끼는 이유
- 공동체와 상상된 연결

공동체는 함께 살아가며 서로 도와주고 영향을 주고받는 사람들의 모임이에요. 예를 들어, 우리 가족, 학교, 동네, 마을, 도시 모두 공동체예요.

공동체 안에는 여러 역할이 있어요. 누군가는 요리하고, 누군가는 물건을 팔고, 누군가는 학생들을 가르쳐요. 이렇게 각자의 역할을 나누어 살아가기 때문에, 우리는 더 안전하고 편리하게 생활할 수 있어요.

그런데 신기한 일이 있어요. 우리는 한 번도 만난 적 없는 수많은 사람과도 '같은 공동체에 속해 있다'고 느껴요. 예를 들어, 미국이나 호주에 사는 한국 사람을 만나면 우리는 이렇게 생각해요.
"우리는 같은 나라 사람이야. 우리는 한국인이야!"
그게 가능한 이유가 무엇일까요?

보이지 않지만 연결되어 있어요 – '상상의 공동체'란?
미국의 정치학자인 베네딕트 앤더슨은 이것을 '상상의 공동체(Imagined Community)'라고 설명했어요.

우리가 실제로 만나 보지 못했지만, "우리는 같은 나라, 같은 문화, 같은 언어를 쓰는 사람들이야."라고 마음으로 느끼기 때문에 서로 연결되었다고 '상상'하게 된다는 거예요.

이런 연결을 느낄 수 있는 이유는 우리가 같은 국기를 보고, 같은 역사를 배우고, 같은 말을 쓰고, 같은 뉴스나 이야기를 듣기 때문이에요.

그래서 어떤 때는 우리가 운동장에 모인 하나의 반 친구들처럼, '나라' 전체가 하나의 커다란 반 친구들처럼 느껴지는 거죠.

예를 들어 볼까요?

태극기를 보면 가슴이 뭉클해질 때가 있어요. 광복절이나 한글날에 태극기를 달고, 조상님들이 우리나라를 지키려고 애쓰신 이야기를 들으면 '아, 나는 대한민국 사람이고, 우리나라 역사의 일부구나!' 하고 느껴지기도 해요.

이렇게 눈에 보이지 않지만 마음으로 연결된 공동체, 이것이 바로 상상의 공동체예요.

왜 이것이 중요할까요?

이런 상상의 공동체 덕분에 우리는

- 서로를 신뢰하고
- 법과 규칙을 함께 지키고
- 도움이 필요할 때 서로 돕게 돼요.

또, 이 공동체에 내가 속해 있다는 느낌, '나도 중요한 역할을 하고 있구나' 하는 생각은 우리를 더 책임감 있고 따뜻한 사람으로 만들어 줘요.

교실에서 함께 이야기해 볼 수 있어요

- 우리는 어떤 공동체에 속해 있나요?(가족, 학교, 마을, 나라…)
- 한 번도 만난 적 없는데도 '우리'라고 느낀 경험이 있나요?
- '같은 팀'이라고 느끼는 마음은 왜 생기는 것일까요?
- 학교, 마을, 나라에서 내가 맡은 역할은 무엇일까요?

개념 확장

세계는 하나의 큰 공동체!
그래서 나는 세계 시민이에요

우리가 사는 마을만 특별한 것이 아니에요. 사실, 이 세상에는 수많은 마을, 도시, 나라가 있고 그 안에 사는 사람들도 모두 서로 연결되어 있어요. 예를 들어, 오늘 아침에 먹은 초콜릿이나 바나나는 어디서 왔을까요? 바로 아주 먼 나라, 아프리카나 중남미에서 온 재료로 만들어졌을 수도 있어요. 우리가 입고 있는 옷은 인도, 방글라데시, 베트남 같은 나라에서 만들어졌을 수도 있고요. 또 지금 우리가 쓰고 있는 연필이나 장난감은 중국이나 일본에서 온 것일 수도 있어요. 이처럼 우리는 매일, 우리가 모르는 사이에 다른 나라와 연결되어 살아가고 있어요. 서로 다른 나라 사람들과 물건을 사고팔고, 노래와 영화를 나누고, 과학기술을 함께 발전시키기도 해요. 이렇게 전 세계 사람들과 함께 살아가는 세상을 '글로벌 공동체' 또는 '지구촌'이라고 해요. 지구가 마치 하나의 마을처럼, 멀리 떨어져 있어도 서로 영향을 주고받으며 연결되어 있다는 뜻이지요.

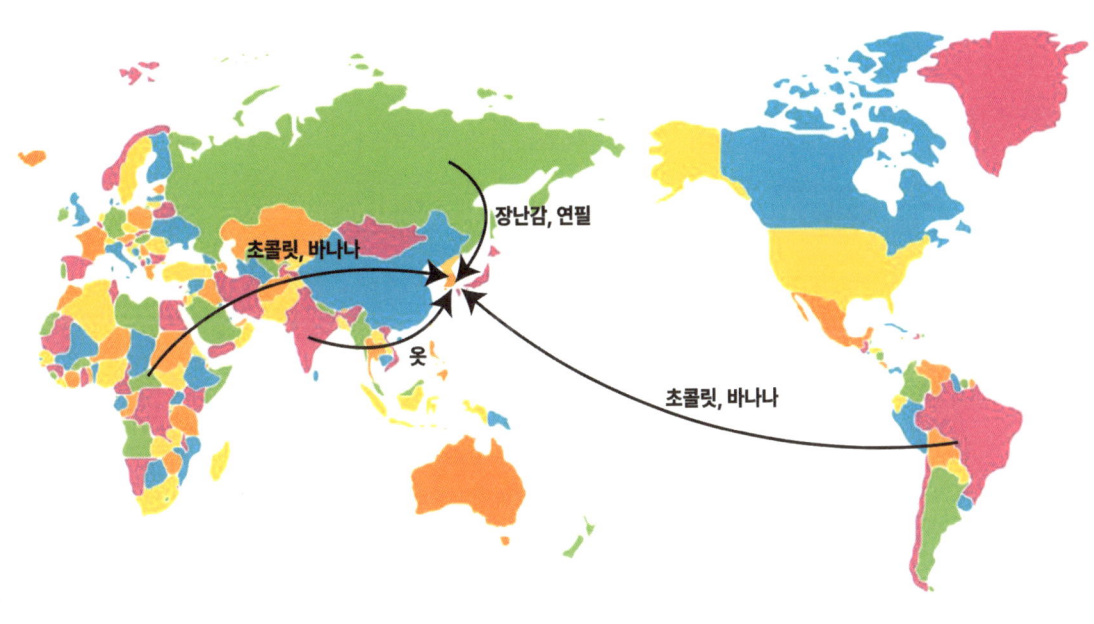

그래서 우리 주변에서 일어나는 일뿐 아니라, 지구 반대편에서 일어나는 일도 우리와 무관하지 않아요. 예를 들어, 어느 한 나라에서 전쟁이 나면 많은 사람이 안전한 곳으로 피난을 가야 하고, 기후변화로 바닷물이 높아지면 섬나라 사람들은 집을 잃을 수도 있어요. 지구의 공기는 모두 연결되어 있어서, 한 나라에서 공장을 많이 돌리면 다른 나라 하늘까지 뿌옇게 될 수 있어요. 그러니까 환경오염, 전쟁, 기후위기, 감염병 같은 문제는 어느 한 나라만의 일이 아니라, 우리가 모두 함께 해결해야 하는 일이 된 거예요.

그렇다면, 이런 세상에서 우리는 어떤 태도를 보이고 살아가야 할까요? 오래전, 독일의 철학자 임마누엘 칸트는 『영구 평화론』이라는 책에서 사람과 사람이, 나라와 나라가 자주 만나고 교류하면 서로 이해하게 되고, 싸우는 대신 평화롭게 지내려는 약속이 더 많아질 거라고 말했어요. 그는 모든 나라가 서로 평등하게 대화하고, 전쟁 대신 법과 협약을 통해 문제를 해결하는 세상을 꿈꿨어요. 오늘날 유엔(UN)이나 국제회의, 국제기구들이 바로 그런 아이디어에서 시작된 것이에요.

그래서 우리는 단지 한 나라의 어린이가 아니라, '세계 시민'이에요. ==세계 시민이란, 지구라는 하나의 마을에 함께 사는 사람으로서, 다른==

==나라와 그 문화를 존중하고, 모두를 위한 평화와 정의를 생각하며 살아가는 사람==이에요.

내가 만든 쓰레기 하나가 바다로 흘러가 해양 생물을 괴롭게 할 수도 있고, 내가 사용하는 전기를 조금 줄이는 것만으로도 지구 온난화를 막는 데 도움이 될 수 있어요. 공정무역으로 만든 초콜릿을 고르는 일도, 어린 노동자들을 보호하는 데 중요한 실천이 될 수 있어요.

그리고 무엇보다 중요한 건 서로를 이해하고 배려하려는 마음이에요. 어떤 나라 사람과도 친구가 될 수 있고, 언어와 피부색이 달라도 서로에게 고마운 존재가 될 수 있다는 것을 기억하세요. 나의 작은 행동 하나, 나의 한마디 말이 세계를 더 평화롭고 따뜻하게 만들 수 있어요. 바로 그게 세계 시민의 힘이에요.

확장 활동

우리 마을 연결 지도 만들기

이번에는 학교 바깥으로 시야를 넓혀서, 우리 마을 전체가 어떻게 연결되어 있는지 지도로 표현해 봐요. 동네에는 병원, 마트, 소방서, 도서관, 체육관, 시청, 은행 등 다양한 기관들이 있고, 그 안에서 일하는 사람들이 있어요. 그 사람들은 서로 연결되어 있고, 또 우리와도 연결되어 있어요. 이 활동을 통해 지역사회가 하나의 거대한 공동체라는 것을 눈으로 확인해 볼 수 있어요.

> **준비물**
>
> 마을 지도를 그릴 큰 도화지, 색종이, 가위, 풀, 색연필
>
> 기관을 표현할 수 있는 그림 자료나 사진(선택), 역할 카드나 아이콘 스티커(선택)

❖ 활동 방법

1. 학교를 중심으로 우리 동네 지도를 간단하게 그려요.

   (예) 병원, 소방서, 경찰서, 우체국, 마트, 체육관, 시청, 약국, 공원 등)

2. 각 장소에 누가 일하는지, 어떤 역할을 하는지 적어 봐요.

   > 예)
   >
   > - 병원: 의사, 간호사 – 아픈 사람을 치료해요
   > - 우체국: 집배원 – 편지와 택배를 배달해요
   > - 소방서: 소방관 – 화재가 났을 때 불을 끄고 사람들을 구해요
   > - 도서관: 사서 – 책을 찾고 정리해 주세요

3. 사람과 사람, 기관과 기관 사이에 선을 그어서 '어떻게 연결되어 있는지'를 시각적으로 표현해요.

> 예
> - 병원 ↔ 약국(처방전을 보내요)
> - 마트 ↔ 소비자(물건을 사요)

❖ 탐색 질문

- 우리 마을에는 어떤 기관과 직업이 있나요?
- 이들은 서로 어떤 도움을 주고받고 있나요?
- 나는 이 공동체 안에서 어떤 역할을 할 수 있을까요?

❖ 응용 활동

- 마을 기관 중 하나를 선택해 견학을 다녀온 뒤 보고서를 작성해 보세요.
- "우리 마을을 더 좋게 만들려면?"이라는 주제로 친구들과 함께 아이디어 회의를 해 보세요.
- 마을 기관에 편지를 써 보는 활동도 할 수 있어요.
  (예 '소방서에 보내는 감사 엽서', '도서관에 바라는 점' 등)

4장
결정은 누가, 왜, 어떻게 내릴까요?

민주적 의사 결정과 참여 방식

중심 개념
결정
(Decision-Making)

관련 개념
참여
(Participation)

사고 개념
관점(Perspective)
기능(Function)

연계 교과

- **사회:** 학급과 지역사회에서 민주적인 절차를 따라 규칙과 결정을 만들며 의사 결정 과정을 이해하기
- **국어:** 토의·토론에서 주장의 근거를 제시하고 다른 의견을 경청하며 의견을 조정하기
- **바른 생활:** 학급 규칙을 지키고 역할을 나누어 협동하며 질서와 약속의 중요성 배우기
- **창의적 체험활동:** 자치 활동을 통해 학급 회의나 학생회를 운영하며 공동체 의식과 책임감 키우기

탐구 질문

❖ 모두가 만족하는 결정을 내리려면 어떤 과정이 필요할까요?

❖ 나와 다른 생각을 하는 친구의 의견도 꼭 들어야 할까요?

❖ 내가 참여한 결정이라면, 더 잘 지킬 수 있을까요?

교과서 속 연결 이야기

결정은 단순히 선택하는 것이 아니라, 모두가 함께 참여하고 동의하여 지켜낼 수 있는 약속을 만드는 과정이에요. 이 단원은 사회, 국어, 바른 생활, 창의적 체험활동과 연결되어 민주적인 의사 결정의 의미를 배우도록 해 줍니다.

사회 시간에는 학급이나 지역사회에서 의사 결정이 어떻게 이뤄지는지 배우며, 다수결과 합의, 대표 선출 같은 절차가 민주주의와 연결된다는 것을 이해해요. 회의를 통해 규칙을 정하거나, 공동체의 문제를 해결하는 과정을 직접 경험하지요.

국어 시간에는 토의·토론을 통해 자신의 주장을 근거와 함께 말하고, 다른 사람의 의견을 경청하며 의견을 조정하는 방법을 배워요. 서로 다른 의견을 비교하고 조율하는 과정에서 논리적 표현력과 협력적인 대화 태도를 기르게 되지요.

바른 생활 시간에는 학급 규칙을 지키고, 친구들과 역할을 나누며 협동하는 활동을 통해 약속과 질서의 소중함을 배우고, 함께 의논하며 문제를 해결하는 태도를 기릅니다.

창의적 체험활동 시간에는 자치 활동을 통해 학급 회의나 학생회를 운영하며, 친구들과 함께 의제를 정하고 민주적으로 결정을 내려요. 이 과정에서 책임감과 공동체 의식을 배우고, 더 나은 학교를 만드는 주체로 성장하지요.

그래서 '결정은 누가, 왜, 어떻게 내릴까?'를 배우는 것은 단순히 규칙을 정하는 것을 넘어, 서로의 생각을 존중하고 민주적으로 참여하는 힘을 기르며, 더 나은 공동체를 만들어 가는 과정이에요.

우리 반에 새로운 규칙이 필요해요!

요즘 정우네 반에서는 학생들이 점심을 먹고 나면 어김없이 혼란이 생겼어요. 몇몇 친구들은 밥을 빨리 먹고 교실에 먼저 올라왔고, 어떤 친구들은 아직 밥을 먹고 있었죠. 먼저 올라온 친구들은 종이비행기를 날리거나 큰 소리로 장난을 치며 놀았어요.

"야, 조용히 좀 해! 책 읽기가 힘들단 말이야!"

"왜? 지금 수업 시간 아니잖아."

"근데 너무 시끄러워서 집중이 안 돼!"

정우는 매일 반복되는 이런 상황이 답답했어요. 수업이 시작되기 전에 마음을 가라앉히고 준비하고 싶은데, 교실은 마치 운동장처럼 시끌시끌했죠.

그러던 어느 날, 선생님이 아이들에게 물었어요.

"요즘 교실에서 점심시간 이후에 무슨 일이 자주 일어나죠?"

정우는 손을 번쩍 들었어요.

"친구들이 너무 시끄럽게 놀아서 수업 준비가 힘들어요. 규칙이 있으면 좋겠어요!"

선생님은 고개를 끄덕이며 말씀하셨어요.

"좋아요. 그러면 오늘 우리 반에서 스스로 새로운 규칙을 정해 보는 시간을 가져 볼게요. 민주적인 방식으로 말이죠."

아이들은 4~5명씩 모둠을 만들어 의견을 나누기 시작했어요. 정우의 모둠에서는 여러 생각이 나왔어요.

"그냥 선생님이 정해 주시면 안 돼요?"

"아니야, 우리가 직접 정하는 거니까 더 의미 있지."

"그럼 점심을 먹고 나서 남는 시간에 조용히 책을 읽기로 하자!"

"자율 놀이는 괜찮지만, 소리만 줄이면 어떨까?"

정우는 친구들의 의견을 정리하면서 회의록을 썼어요. 서로 다른 생각이 나올 때마다 발표하고, 다시 토론하고, 어떤 의견이 더 좋은지 이야기하며 한참을 고민했죠.

모둠 발표가 끝난 뒤, 반 전체 회의가 열렸어요. 학급회장이 앞으로 나와 발표 순서를 안내했고, 서기는 칠판에 의견을 정리했어요. 친구들은 각 모둠의 제안을 듣고 찬성과 반대를 말했어요.

"우리 반엔 조용한 공간이 필요해요. 그래서 10분 독서 시간 만드는 거 찬성이에요."

"근데 그런 시간 싫어하는 친구도 있을 수 있잖아요. 자율 시간으로 하는 건 어때요?"

다양한 의견이 오고간 끝에, 반 친구들은 다수결 투표를 통해 '점심시간 이후 10분 동안 조용히 책을 읽는 시간'을 새 규칙으로 정했어요. 다만, 책 대신 조용히 그림을 그리거나 일기를 써도 된다는 조건도 함께 붙였어요.

회의가 끝난 후 정우는 마음이 뿌듯했어요.

"우리끼리 정하니까 더 잘 지킬 수 있을 것 같아."

옆에 앉은 친구 민지도 웃으며 말했어요.

"다른 의견도 듣고, 좋은 아이디어를 하나로 모을 수 있어서 좋았어!"

그날 이후, 점심시간이 끝나면 교실에 조용한 기분 좋은 분위기가 감돌았어요. 모두가 함께 만든 규칙이었기 때문에 더 책임감을 느끼고 잘 지키려는 모습이었죠.

정우는 속으로 생각했어요.

'내 의견도 반영되고, 친구들과 함께 만들었으니까 더 의미 있어. 다음에도 우리 스스로 회의로 결정하면 좋겠다.'

개념 이해

민주적 의사 결정이란 무엇일까요?

우리는 매일 많은 결정을 하며 살아가요. 오늘 점심으로 뭘 먹을지, 우리 반 체육 시간에는 무엇을 할지, 학급 규칙은 어떻게 정할지 등 여러 가지를 함께 이야기하고 정해야 할 때가 있어요.

이럴 때 혼자 마음대로 정하지 않고, 모두의 생각을 듣고, 함께 이야기하며, 다수의 의견으로 결정하는 방법을 민주적 의사 결정이라고 해요.

아주 오래전, 아테네에서는…

지금으로부터 약 2400년 전, 그리스의 아테네라는 도시에서는 중요한 일을 시민들이 모여서 직접 토론하고 결정했어요.

그리스의 유명한 철학자 아리스토텔레스는 민주적인 삶을 이렇게 설명했어요.

"훌륭한 시민은 자유민답게
지배할 줄도 알고
복종할 줄도 알아야 한다."

- 아리스토텔레스, 『정치학』

이 말은, 좋은 시민은 다른 사람의 의견도 듣고, 자기 생각도 바르게 말하며, 모두가 함께 잘 살도록 노력해야 한다는 뜻이에요.

아리스토텔레스는 나라의 일을 왕이나 일부 사람만 정하는 것이 아니라, 모두가 함께 참여해서 정하는 게 가장 바람직하다고 했어요.

우리나라에서도 민주주의가 시작되었어요

우리나라에는 오랜 옛날에는 왕이 혼자서 나라의 일을 결정했어요.

하지만 지금은 모든 국민이 나라의 주인인 '민주공화국'이에요.

"대한민국은 민주공화국이다.
모든 권력은 국민으로부터 나온다."
- 대한민국 헌법 제1조

우리는 선거를 통해 대표를 뽑고, 사회의 규칙을 함께 만들고 지켜요. 특히 1987년 6월에는 국민이 "우리의 권리를 돌려주세요!"라고 외치며, 더 자유롭고 공정한 나라를 만들기 위한 큰 변화를 이끌었어요.

민주적 의사 결정, 이렇게 해요!

민주적인 의사 결정은 다음과 같은 과정을 통해 이루어져요.

> 1. 모두의 생각을 들어 보기
>
>   나와 다른 의견도 존중해요. 모두의 이야기에 귀를 기울여요.
>
> 2. 서로의 의견을 나누고 토론하기
>
>   왜 그렇게 생각하는지 이야기하며, 이해하려고 노력해요.
>
> 3. 다수결이나 합의로 결정하기
>
>   가장 많은 사람이 찬성한 의견으로 정하거나, 모두가 동의할 방법을 찾아요.
>
> 4. 결정된 내용은 모두 함께 지키기
>
>   내 의견이 아니더라도 함께 정한 것이니까 지켜야 해요.

민주주의는 '모두가 함께 사는 방법을 계속 배우고 실천하는 것'이에요. 여러분이 학급회의에서 의견을 내고, 친구와 서로의 생각을 조율하는 경험은 미래의 민주 시민으로서 중요한 연습이랍니다.

개념 확장

다수결만이 정답일까요?

우리는 반에서 무언가를 정할 때 자주 '다수결'을 사용해요. 많은 사람이 찬성하면 그 의견을 따르기로 하는 것이지요. 다수결은 빠르고 효율적인 결정 방법이에요. 하지만 언제나 모두에게 공평할까요? 프랑스의 사상가 알렉시 드 토크빌은 이런 걱정을 했어요. "다수가 항상 옳다고 생각하면, 소수의 의견은 무시당할 수 있어요. 그건 새로운 방식의 '억압'이 될 수 있지요."

그는 이를 '다수의 폭정'이라고 불렀어요. 즉, 많은 사람이 함께 결정했다고 해도, 그 결정이 다른 사람에게 고통을 줄 수 있다는 뜻이에요.

영국의 철학자 존 로크는 더 오래전에 이렇게 말했어요. "모든 사람은 자유롭고 평등하며, 다른 사람을 해치지 않는 한 자유롭게 살아갈 권리가 있어요."

그는 정부의 역할은 바로 사람들의 권리를 지키는 것이라고 했어요. 그러니까, 모두의 생각을 듣고, 소수의 의견도 보호하는 것이 진짜 민주주의란 뜻이에요.

"다수가 항상 옳다고 생각하면, 소수의 의견은 무시당할 수 있어요."

"모든 사람은 자유롭고 평등해요."

역사 속 이야기: 모두가 찬성했던 결정이 정말 옳았을까?

오래 전 미국에서는 흑인과 백인이 같은 학교에 다니는 것이 금지되어 있었어요. 많은 사람들이 그것이 "당연하다"고 여겼고, 법도 그렇게 정해져 있었어요. 그래서 흑인 아이들은 낡고 불편한 학교에 가야 했고, 좋은 시설과 책은 백인 아이들만 사용할 수 있었죠.

그런데 1950년대, 올리버 브라운을 비롯한 여러 가족이 용기를 내어 "이건 불공평해요. 우리 아이도 집 근처 학교에 다닐 수 있어야 해요!"라고 외쳤어요. 이 사건은 '브라운 대 교육위원회' 재판이라는 이름으로 미국 대법원까지 올라갔고, 마침내 1954년, 법원은 "학교를 인종에 따라 나누는 건 헌법에 어긋난다"고 판결했어요.

이건 아주 큰 변화였어요! 하지만 그 뒤가 쉽지만은 않았어요. 대법원장 얼 워런은 '모든 학교는 빠르게 흑인과 백인이 함께 공부할 수 있도록 해야 한다'고 명령했지만, 남부 지역의 많은 학교는 통합을 거부하며 오랫동안 저항했어요. 진정한 통합은 몇 년, 심지어 몇십 년이 걸렸어요.

게다가 이 판결은 학교에만 적용되었기 때문에, 식당, 극장, 버스 같은 공공장소에서는 여전히 인종차별이 계속됐어요. 하지만 이 사건은 이후 많은 변화를 이끄는 출발점이 되었고, 진짜 민주주의가 무엇인지 다시 생각하게 해 준 중요한 역사 속 이야기가 되었어요.

많은 사람들이 찬성한다고 해서 항상 정의로운 결정이 되는 건 아니에요.

> 다수결 + 소수 존중 = 더 나은 결정

그래서 민주사회에서는 단순히 숫자가 많은 쪽을 따르는 것만으로는 부족해요. 소수의 의견을 귀 기울여 듣고, 때로는 그 의견을 반영하거나 보완할 방법을 찾는 것이 진짜 민주적인 결정이에요.

예를 들어, 반에서 "급식 메뉴에 오이무침을 계속 넣자"라는 다수결이 났더라도, 오이에 알레르기가 있는 친구가 있다면 그 친구를 위한 다른 선택지도 마련해 주어야 해요. 그것이 모두가 함께 행복하게 지내는 방법이에요.

==" 진짜 민주주의는 가장 많은 사람의 목소리뿐만 아니라, 가장 조용한 사람의 목소리까지 들을 수 있을 때 완성돼요."==

확장 활동

소수 의견 탐정단 - 놓치기 쉬운 의견을 찾아라!

모둠 안에서 의견이 나뉘었을 때, 다수의 의견뿐 아니라 소수의 생각도 소중하게 여기는 연습을 할 거예요. 이 활동은 학생이 직접 진행자가 되어 이끌 수 있어요!

준비물

의견 카드(찬성 / 반대 / 중간) 각자 한 세트

'탐정 노트'(간단한 활동 기록지)

❖ **활동 방법**

1. 모둠 안에서 진행자 1명을 정해요. 진행자가 오늘의 질문을 정하거나 카드에서 하나를 뽑아요.

    (예 "쉬는 시간에 핸드폰을 써도 될까요?")

2. 각자 의견 카드 하나를 선택하고, 왜 그렇게 생각했는지 짧게 메모해요.

3. 돌아가며 의견을 말해 보세요.

4. 진행자는 모둠 안에서 가장 적은 사람이 낸 의견을 찾고 '소수 의견'으로 기록해요.

5. 모둠 전체가 함께 "이 의견도 중요한 이유는 무엇일까?"를 토론해 봐요.

❖ **응용 활동**

- 소수 의견을 다음 회의 안건으로 제안해 보세요.
- 모둠에서 가장 다양한 의견이 나왔던 질문을 반 전체에서 다시 토의해 봐요.
- '우리 반 소중한 의견 노트'를 만들어 모든 의견을 적어 보세요.

5장 나도 경제활동을 할 수 있을까요?

생산, 소비, 직업의 이해

중심 개념
경제활동
(Economic Activity)

관련 개념
돈
(Money)

사고 개념
기능(Function)
관점(Perspective)

연계 교과

- 실과: 용돈을 계획하고 저축·기부·절약 습관을 통해 돈을 현명하게 다루기
- 사회: 생산·교환·소비 과정을 배우고 가계·기업·정부의 역할과 경제 활동의 연결성 이해하기
- 수학: 시장놀이 결과를 자료로 수집·그래프로 정리하며 합리적인 판단 내리기

탐구 질문

❖ 나는 어떤 경제활동에 참여하고 있을까요?

❖ 물건을 팔아 본 경험에서 가장 어려웠던 점은 무엇인가요?

❖ 돈 없이도 가능한 경제활동에는 어떤 것이 있을까요?

교과서 속 연결 이야기

경제 활동을 배운다는 것은 단순히 돈을 쓰고 버는 방법을 아는 것이 아니라, 사람들이 필요를 충족하고 서로 도움을 주고받는 과정을 이해하는 일이에요.

실과 시간에는 용돈을 계획적으로 관리하고 합리적으로 사용하는 방법을 배워요. '필요한 것'과 '원하는 것'을 구분하고, 저축이나 기부, 절약 같은 습관을 통해 돈을 현명하게 다루는 법을 익히게 되지요.

사회 시간에는 생산·교환·소비가 어떻게 이어지는지 배우고, 가정과 지역사회, 나라 전체가 경제 활동으로 연결되어 있음을 이해해요. 가계, 기업, 정부가 어떤 역할을 하며 서로 협력하는지도 살펴보면서, 경제가 단순한 거래가 아니라 사회 전체를 움직이는 힘이라는 것을 알게 돼요.

수학 시간에는 시장 놀이 같은 활동에서 자료를 수집하고 그래프로 정리하며 결과를 분석해요. 어떤 물건이 잘 팔렸는지, 어떤 가격이 적절했는지를 수학적으로 탐구하면서, 자료를 활용해 합리적인 판단을 내리는 힘을 기르게 돼요.

그래서 경제 활동을 배우는 것은 단순히 돈의 흐름을 아는 것이 아니라, 올바른 소비 습관과 책임 있는 태도를 기르며, 공동체 속에서 현명하게 살아가는 지혜를 익히는 활동이에요.

지환이의 작은 가게가 열렸어요!

지환이는 손재주가 참 좋은 아이예요. 쉬는 시간마다 색종이로 동물 접기를 하거나, 반짝이 실로 팔찌를 엮고, 귀여운 스티커로 메모지를 꾸미곤 했어요. 친구들이 "우와, 이거 어디서 샀어?" 하고 물을 때면, 지환이는 뿌듯한 표정으로 "내가 만든 거야!"라고 말했죠.

그러던 어느 날, 선생님께서 말씀하셨어요.

"다음 주에 우리 반에서 '작은 시장 놀이'를 해 볼 거예요. 직접 물건을 만들거나 서비스를 준비해서 친구들과 사고팔아 보는 거예요. 여러분 모두 생산자도 되고 소비자도 되어 볼 수 있어요."

지환이는 집에 돌아가자마자 색종이와 구슬, 고무줄을 꺼냈어요. "내가 제일 자신 있는 걸 팔아 보자!" 하고 다짐하며, 팔찌를 하나하나 정성껏 만들었죠. 색깔 조합도 다양하게 해 보고, 별 모양 펜던트도 달았어요. 포장도 깔끔하게, 작은 비닐봉지에 넣고 스티커로 밀봉했어요. 마지막으로 색지에 '지환공방'이라는 간판을 정성껏 써서 책상 앞에 붙였답니다.

드디어 시장 놀이 날이 되었어요!

지환이는 아침부터 책상 위에 팔찌 10개를 예쁘게 진열했어요. 친구들은 선생님이 나눠 준 '시장 화폐'를 들고 여기저기 돌아다니며 구경했어요.

"우와, 이거 진짜 예쁘다! 얼마예요?"

"하나에 3코인이에요. 두 개 사면 5코인으로 할인해 드려요."

지환이는 미소를 지으며 손님을 맞았어요. 친구들은 물건을 살 때 시장 코인을 건넸고, 지환이는 거스름돈을 챙겨 주며 계산도

했죠.

어떤 친구는 '초콜릿 쿠키 전문점'을 열었고, 또 어떤 친구는 "내 얼굴을 만화처럼 그려 드려요!"라며 그림을 그려 주는 서비스를 팔고 있었어요. 모두가 자신만의 아이디어로 시장을 꾸미고 있었어요.

시장 놀이가 끝나고, 선생님께서 말씀하셨어요.

"오늘 시장에서 어떤 경험을 했나요? 느낀 점을 짧게 적어 봅시다."

지환이는 생각을 정리해 노트에 이렇게 썼어요.

'내가 만든 걸 친구들이 사 주니까 정말 기분이 좋았어요. 그런데 몇 개는 끝까지 팔리지 않아서 아쉬웠어요. 다음에는 친구들이 더 좋아할 만한 색깔과 디자인으로 만들어 봐야겠어요.'

지환이는 오늘 하루 동안 **물건을 만들어 파는 생산자, 친구 물건을 구경하고 코인을 내고 산 소비자, 그리고 서로 가격을 조정하고 교환하는 시장 참여자**가 되었어요. 어떤 것이 잘 팔리고, 어떤 건 남는지 직접 경험하면서 경제활동이 단순히 돈을 쓰는 것이 아니라 필요한 것을 나누고, 선택하고, 조절하는 과정이라는 것을 배웠어요.

그날 밤, 지환이는 공책 한쪽에 이렇게 적어 두었어요.

"지환공방 시즌2: 팔찌 말고 이번엔 책갈피도 만들어 봐야지!"

개념 이해

경제활동이란 무엇일까요?

우리 주변에는 매일 경제활동이 일어나고 있어요. 아침에 학교 가기 전 편의점에서 우유를 사는 것, 친구 생일 선물을 사기 위해 돈을 모으는 것, 엄마가 시장에서 채소를 고르는 것, 모두 경제활동이에요.

경제활동이란 사람들이 살아가는 데 필요한 것을 만들고(생산), 사고팔고(교환), 사용하고(소비) 하는 모든 활동을 말해요.

> 예
> - **생산**: 농부가 채소를 재배하거나 공장에서 학용품을 만드는 활동을 말해요.
> - **교환**: 생산된 물건을 돈을 주고 사고파는 활동을 말해요. 예를 들어, 농부의 채소나 공장에서 만든 학용품을 돈을 주고 사는 것이에요.
> - **소비**: 구입한 채소를 먹거나 학용품을 실제로 사용하는 것을 말해요.

또한, 경제활동은 '돈'을 중심으로만 돌아가는 것이 아니에요. 가족 안에서도 집안일을 나누는 것, 친구와 물건을 바꿔 쓰는 것도 일종의 경제활동이에요. 우리는 어릴 때부터 경제활동에 참여하고 있어요. 용돈을 계획해서 쓰거나, 학교에서 바자회를 열어 물건을 파는 경험은 모두 경제를 배우는 좋은 기회랍니다.

그런데 경제활동은 누가 지시하지 않아도 자연스럽게 이루어질까요? 왜 사람들은 자신이 잘하는 일을 하고, 서로 필요한 걸 주고받을까요? 이 질문에 대해 약 250년 전, 영국의 학자 애덤 스미스는 아주 특별한 생각을 했어요.

애덤 스미스는 누구일까요?

애덤 스미스는 18세기 영국(지금의 스코틀랜드)의 학자였어요. 그 당시 유럽은 산업혁명이 시작되던 시기였고, 사람들이 공장에서 물건을 만들고, 멀리 떨어진 시장과 교환하는 일이 많아졌어요. 스미스는 사람들이 어떻게 일을 나누고, 필요한 것을 주고받으며 살아가는지 관심을 가지고 지켜보았어요.

그는 『국부론』이라는 책에서 이런 이야기를 했어요.

"사람들이 일을 나누면 더 잘할 수 있어요."

혼자서 모든 일을 다 하기보다, 각자가 잘하는 일을 맡아 하면 더 많은 것을 만들 수 있어요. 예를 들어 한 사람이 신발 끈만 만들고, 다른 사람은 구두 밑창을 붙이면, 더 빠르고 능률적으로 신발을 만들 수 있어요. 이것을 분업이라고 해요.

"필요한 것은 교환으로 해결해요."

사람들은 자신이 만든 것을 다른 사람과 교환해요. 농부는 쌀을 만들고, 어부는 생선을 잡고, 서로 필요한 것을 바꾸는 것이죠. 이렇게 서로 도우며 살아가는 것이 경제활동의 기본이에요.

"보이지 않는 손이 도와줘요."

그런데 신기하게도, 누군가가 시키지 않아도 사람들은 자기가 잘하는 일을 하고, 물건을 만들어서 팔고, 교환해요. 애덤 스미스는 이 과정을 '보이지 않는 손(Invisible Hand)'이 도와준다고 표현했어요.

이는 마치 모두가 자기 이익을 위해 행동하지만, 결과적으로 사회 전체가 더 풍요로워지고 잘살게 되는 현상을 말해요. 예를 들어, 빵을 파는 사람이 돈을 벌기 위해 노력하지만, 그 덕분에 다른 사람들은 맛있는 빵을 먹고 배불리 지낼 수 있죠!

요약하면 이렇게 돼요!

- 내가 잘하는 일을 나누면 → 분업
- 서로 필요한 걸 바꾸면 → 교환
- 다 같이 잘살게 되는 마법 같은 힘 → 보이지 않는 손

이처럼 애덤 스미스의 생각은 우리가 매일 하는 경제활동을 더 잘 이해할 수 있게 도와줘요. 우리가 학교에서 바자회를 열어 물건을 팔고, 친구와 나누고, 함께 돈을 쓰는 활동도 이와 같은 원리로 이루어진답니다.

개념 확장

바꾸고 나누고 함께 쓰는 경제 이야기

우리는 경제활동이라고 하면 '돈'을 떠올리기 쉬워요. 물건을 사고팔 때 돈을 주고받기 때문이에요. 하지만 경제는 돈이 전부가 아니에요! 세상에는 돈 없이도 이루어지는 다양한 경제활동이 있어요.

옛날에는 돈이 없었어요!

지금처럼 동전이나 지폐가 생기기 전, 사람들은 필요한 물건을 물물교환으로 나눴어요.

예를 들어, 한 마을에서 농부는 감자를, 어부는 생선을 가지고 와서 서로 바꾸는 거예요.

"내 감자 5개랑 네 생선 3마리를 바꾸자!"

하지만 이 방식은 문제가 있었어요. 상대방이 꼭 내가 가진 물건이 필요하지 않을 수도 있고, 얼마나 바꿔야 공평한지도 어려웠거든요.

그래서 돈이 등장했어요!

사람들은 물건을 직접 바꾸는 대신, 모두가 믿고 사용할 수 있는 물건을 만들었어요. 처음에는 조개껍데기나 곡식을 돈처럼 쓰기도 했고, 그 뒤에는 동전과 지폐가 생겼어요.

돈은 가치의 기준이 되었고, 교환을 쉽게 해 주는 도구가 되었어요. 우리는 지금 이 돈으로 물건을 사고, 일을 하고, 생활하고 있어요.

그런데 이제는 '눈에 보이지 않는 돈'도 있어요!

최근에는 디지털 화폐, 즉 인터넷 속에서만 존재하는 돈이 생겨났어요. 그 대표적인 예가 바로 비트코인(Bitcoin)이에요.

비트코인은 뭐예요?

비트코인은 컴퓨터로 만든 전자 화폐예요. 지갑이나 주머니에 넣을 수 없고, 디지털 세상에서만 존재해요.

누군가가 한 번 정한 비밀번호처럼, 아주 복잡한 암호 기술로 안전하게 관리돼요.

이 돈은 은행 없이도 사람들끼리 직접 주고받을 수 있어서, 새로운 방식의 교환 수단으로 주목받고 있어요.

물론 아직은 모두가 사용하는 돈은 아니고, 가격이 크게 변하기 때문에 조심해서 써야 해요. 하지만 앞으로 미래의 경제가 어떻게 바뀔지 미리 보여 주는 사례이기도 해요.

돈 없이도 할 수 있는 경제활동이 있어요!

> 예
> - 친구가 준비물을 깜빡하고 안 가져왔을 때, 내 준비물을 나눠 주는 것
> - 형이 안 입는 옷을 동생에게 물려주는 것
> - 아파트 게시판에 "이 책 필요하신 분 가져가세요"라고 붙이는 것

이런 활동은 나눔 경제(Sharing Economy)라고도 해요.
서로 도와주고, 필요한 것을 함께 쓰면서 돈 없이도 풍요롭게 살아가는 방식이에요.

공유 경제도 있어요!

요즘은 자동차, 자전거, 집, 도구 등 비싼 물건을 여러 사람이 함께 쓰는 방식이 많아졌어요. 이걸 공유 경제라고 불러요.

> 예
> - 카셰어링: 차가 없더라도 잠깐 필요할 때 빌려 탈 수 있어요.
> - 숙박 공유: 빈방이나 집을 여행자에게 빌려주는 앱도 있어요.
> - 도서관처럼 책, 장난감, 도구를 여러 사람이 돌려쓰기도 해요.

이런 방식은 환경을 덜 해치고, 모두가 필요한 것을 쉽게 얻을 수 있도록 도와줘요.

돈을 잘 쓰는 것보다 더 중요한 것!

경제를 배운다는 건 단순히 '돈을 얼마나 잘 쓰느냐'만이 아니에요.

- 어떤 물건이 왜 필요할까?
- 서로 도우며 살 수는 없을까?
- 세상을 더 좋게 만드는 소비는 무엇일까?

이런 질문을 하는 것이 진짜 경제 공부예요.

앞으로 경제는 더 다양해질 거예요

- 인터넷을 이용한 디지털 경제
- 환경을 생각한 친환경 소비
- 사회적 가치를 창출하는 기업

등 새로운 경제활동이 계속 나타나고 있거든요.

결론은?

우리는 지금부터 작은 경제활동을 통해 큰 배움을 하고 있어요.

용돈을 계획해서 쓰는 것, 친구와 바꿔 쓰는 것, 학교에서 바자회에 참여하는 것, 바로 이 모든 것이 미래의 나와 사회를 위한 경제 연습이랍니다!

확장 활동

똑똑한 경제 생활 체험하기

1. 우리 반 미니 마켓 – 내가 만든 물건을 팔아 봐요!

친구들과 함께 교실에서 작은 시장을 열어 볼 거예요! 직접 물건이나 서비스를 만들고 가격을 정해서 사고파는 활동이에요. 물건을 파는 사람(생산자)과 사는 사람(소비자)이 되어 보면서 진짜 시장처럼 경제활동을 체험할 수 있어요.

준비물

종이돈(시장 화폐), 가격표 만들 종이와 펜, 장부 쓰는 노트

물건 재료나 꾸미는 도구(종이, 끈, 반짝이 등)

포장지나 상자, 간판 만들 도구

❖ **활동 방법**

1. 무엇을 팔지 정해요

팔고 싶은 물건이나 서비스를 정하고 모둠에서 준비해요.

(예 팔찌, 스티커, 그림 그려 주기, 시 낭송 서비스 등)

2. 가격을 정하고 가게를 꾸며요

상품에 가격표를 붙이고, 가게 이름 간판도 만들어 책상 위에 진열해요.

3. 마켓 열기!

친구들과 돌아다니며 물건을 사고팔아요. "어서 오세요~" 인사도 잊지 마세요!

4. 장부 정리와 마무리

얼마 벌었는지, 얼마 썼는지 장부에 적고, 어떤 상품이 잘 팔렸는지도 확인해 봐요.

❖ **응용 활동**

- 판매 결과를 그래프로 나타내고, 어떤 상품이 가장 인기가 있었는지, 그리고 그 이유를 글로 써 보세요.
- 손님의 만족도를 조사하고, 다음 마켓을 더 잘 준비하기 위한

아이디어를 모아 보세요.

2. 나만의 용돈 계획표 – 용돈을 똑똑하게 써 봐요!

한 달 동안 용돈을 어떻게 쓰면 좋을지 직접 계획을 세워 보는 활동이에요. 필요한 곳에 알맞게 쓰고, 저축하거나 기부할 수 있도록 계획하는 연습을 해 볼 거예요.

> **준비물**
>
> 용돈 계획표 양식, 색연필 또는 사인펜,
>
> 계산기(또는 스마트 기기 계산기 앱), 공책 또는 기록 노트

❖ 활동 방법

1. **한 달 용돈을 정해요**

   (예) 20,000원을 기준으로 정해 보아요.)

2. **항목 나누기**

   간식, 문구, 저금, 기부, 선물 등 내가 돈을 쓸 곳을 정하고 예산을 나누어요.

3. **한 달 동안 사용 내용 기록하기**

   실제로 돈을 쓴 날과 금액을 기록해요.

4. 계획과 실제 비교하기

계획과 실제 사용을 비교하고, 다음 달 계획을 더 잘 세울 수 있도록 생각해 봐요.

❖ 응용 활동

- 친구와 계획표를 비교하고 서로 조언해 보세요.
- '이번 달 뿌듯한 소비'와 '조금 아쉬운 소비'로 정리해 보세요.
- '돈을 아끼는 나만의 꿀팁' 카드 만들고 친구들과 생각을 나눠 보세요.

한 달 용돈 2만 원을 어떻게 쓰면 잘 쓸 수 있을까? 계획을 세워 봐야지!

6장 세금은 왜 낼까요?

세금의 목적과 사회적 역할

중심 개념
세금 (Tax)

관련 개념
공공 (Public)

사고 개념
책임(Responsibility)
기능(Function)

연계 교과

- **사회**: 생산과 소비 속에서 세금의 의미를 이해하고, 시장 경제와 교류·무역에서 세금이 공공의 균형을 이루는 역할 탐구하기
- **도덕**: 세금을 공동체를 위한 공정한 약속으로 이해하고, 책임과 공정성을 생활 속에서 실천하기
- **수학**: 세금 계산을 통해 비율과 퍼센트를 익히고, 자료를 그래프로 정리하며 합리적 선택 능력 기르기

탐구 질문

❖ 우리가 내는 세금은 어디에 쓰일까요?

❖ 모두가 공평하게 세금을 낸다는 것은 무슨 뜻일까요?

❖ 세금을 통해 우리는 어떤 사회를 만들어 갈 수 있을까요?

교과서 속  연결 이야기

　세금은 단순히 돈을 내는 것이 아니라, 우리가 함께 살아가기 위해 꼭 필요한 사회의 약속이에요.

　사회 시간에는 경제생활 속에서 세금의 의미를 배워요. 생산과 소비가 이루어지는 과정에서 세금이 도로·학교·병원 같은 공공 서비스를 유지하는 데 사용된다는 것을 이해하고, 수요와 공급이 균형을 이루는 시장 경제의 원리와 함께 살펴보지요. 또 지역 간 교류나 무역에서도 세금이 어떻게 사회 전체의 균형을 잡아주는지 배워요.

도덕 시간에는 세금이 단순히 의무가 아니라, 모두를 위한 공정한 약속임을 배워요. 나의 이익만 생각하지 않고 공동체 전체를 위해 기꺼이 책임을 나누는 것이 공정한 사회의 시작이라는 것을 배우며, 책임과 공정성의 가치를 생활 속에서 어떻게 실천할 수 있을지도 고민하게 돼요.

수학 시간에는 세금과 관련된 계산을 통해 비율과 퍼센트를 배우고, 자료를 수집해 그래프로 나타내며 세금이 어떻게 걷히고 쓰이는지를 구체적으로 살펴봐요. 이를 통해 숫자로 사회 문제를 이해하고, 합리적으로 선택하는 능력을 기르게 되지요.

그래서 세금을 배우는 것은 단순히 돈의 흐름을 아는 것이 아니라, 공공의 가치를 존중하고 공정한 사회를 만들기 위해 책임을 다하는 시민으로 성장하는 일이에요.

길에서 만난 공공의 비밀

하윤이는 아빠와 함께 동네 산책을 하던 중 문득 물었어요.

"아빠, 이 넓은 도로는 누가 만들었어요? 쓰레기통은 누가 비워요? 우리가 다 돈 내고 하는 거예요?"

아빠는 웃으며 고개를 끄덕였어요.

"맞아. 이런 것들은 '세금'으로 운영되는 거란다."

"세금? 그게 뭔데요?"

"음, 오늘 저녁에 같이 이야기해 볼까?"

아빠는 웃으며 말씀하셨어요.

그날 저녁, 하윤이는 식탁에 놓인 엄마의 세금 고지서를 보고 다시 궁금해졌어요.

"엄마, 이거 다 내야 해요? 너무 많은 것 같은데요."

"응, 이건 우리 가족만을 위한 게 아니고, 모두를 위한 돈이란다. 도로, 학교, 병원, 경찰서, 소방서… 우리가 안전하고 편리하게 살 수 있도록 하는 데 쓰이는 돈이지."

"그럼 돈을 많이 버는 사람은 세금을 더 많이 내요?"

"그래야 공평하겠지? 우리나라는 '능력에 따라 부담하고, 공평하게 나누자'는 원칙을 가지고 있어. 그래서 소득이 많은 사람은 더 많이 내고, 어려운 사람은 조금만 내도 돼. 모두가 함께 누리기 위한 약속이거든."

다음 날 학교에서 하윤이는 친구들에게 말했어요.

"얘들아, 우리 동네 도서관, 놀이터, 버스정류장도 다 세금으로 운영된대!"

유빈이가 눈을 동그랗게 떴어요.

"진짜? 나는 그냥 있는 줄만 알았는데."

지훈이가 말했어요.

"그러면 우리가 길을 걸을 때마다, 버스를 탈 때마다, 세금이 고마운 거네."

그제야 하윤이는 세금이 왜 중요한지, 왜 모두가 함께 책임져야 하는지 조금은 알게 되었어요.

그날 일기에 이렇게 썼죠.

"세금은 그냥 돈이 아니라, 우리가 함께 살아가자는 약속 같아. 나중에 어른이 되면 나도 기분 좋게 세금을 내야지!"

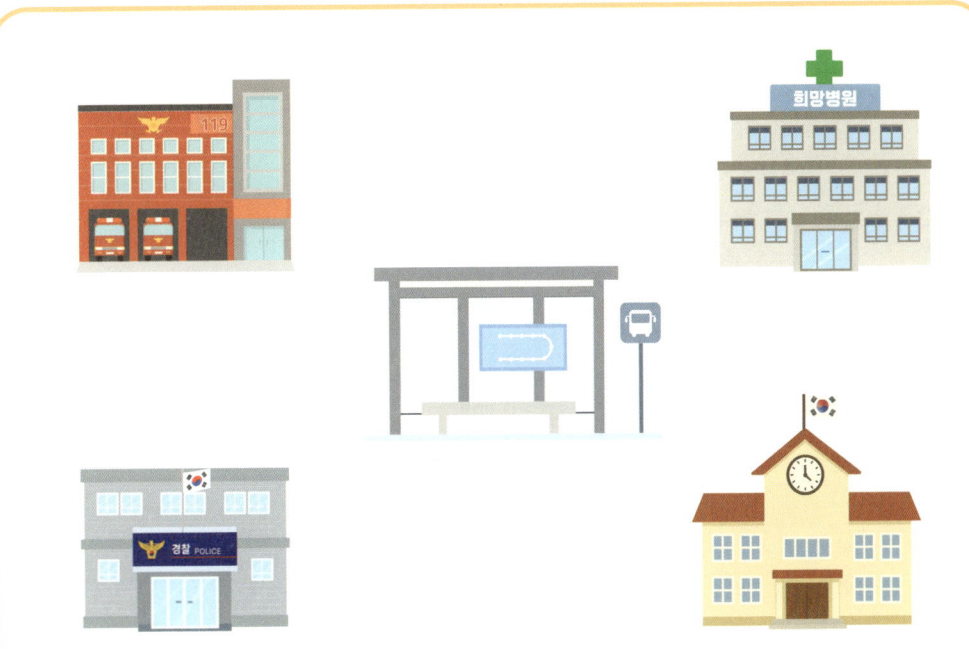

우리가 다니는 학교뿐만 아니라 경찰서, 소방서, 병원, 버스 정류장, 놀이터, 도로 모두 우리의 세금으로 운영돼요!

개념 이해

세금은 왜 필요할까요?

세금은 나라와 마을이 잘 돌아가게 하려고 사람들이 함께 내는 돈이에요. 학교, 도로, 병원, 소방서처럼 모두가 함께 쓰는 시설과 서비스를 만들고 운영할 때 이 돈이 꼭 필요해요.

그래서 세금은 '나만을 위한 돈'이 아니라 '우리 모두를 위한 약속' 같은 거예요.

세금이란, 어떤 원칙으로 걷을까요?

우리나라에서는 공평하게, 꼭 필요한 만큼, 정해진 법에 따라 세금을 걷는 것을 중요하게 생각해요. 이를 '조세의 3원칙'이라고 불러요.

1. 공평의 원칙

돈이 많은 사람은 더 많이 내고, 적은 사람은 적게 내고, 비슷한 소득을 가진 사람은 비슷하게 내는 거예요.

2. 필요의 원칙

나라가 꼭 필요한 만큼만 세금을 걷고, 낭비하지 않아요.

3. 법에 따른 납세 원칙

마음대로가 아니라, 법으로 정한 방법에 따라 내요.

이렇게 해야 모두가 억울하지 않고, 사회가 더 공정하게 운영될 수 있어요.

세금에는 어떤 종류가 있을까요?

세금에는 직접 내는 세금과 몰래(?) 내게 되는 세금이 있어요!

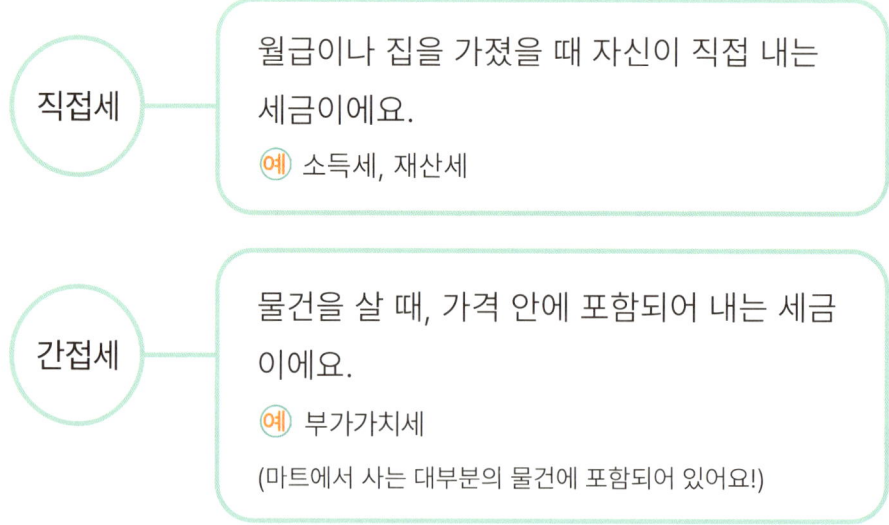

초등학생인 우리는 직접 세금을 내진 않지만, 물건을 살 때 자연스럽게 세금을 내는 거예요.

세금의 역사, 우리나라는 어떻게 시작됐을까?

우리나라에서도 옛날부터 세금과 비슷한 제도가 있었어요. 조선 시대에는 곡식이나 천(베)으로 나라에 바치는 '공납'이 있었고, 군대에 가지 않는 대신 내는 돈도 있었어요. 하지만 그땐 공평하지 않았고, 가난한 사람들이 더 힘들게 내야 했죠.(나중에 대동법 같은 제도로 세금을 더 공정하게 만들려는 노력도 있었어요.)

지금은 헌법과 법률에 따라 누구나 공평하게 내고, 어떻게 쓰이는지도 국회에서 투명하게 결정돼요.

그래서 우리는 어디에 돈이 쓰이는지 알고 감시할 권리도 함께 갖고 있어요!

세금은 어디에 쓰일까요?

- 학교를 새로 짓거나 책상을 바꿀 때
- 경찰이 동네를 지킬 때
- 아플 때 병원에서 진료를 받을 수 있게 할 때
- 불이 나면 소방차가 출동할 때
- 어려운 이웃을 도울 복지 제도를 만들 때
- 깨끗한 환경을 위해 쓰레기 처리나 공원을 관리할 때

세금은 우리 모두의 삶의 질을 높여 주는 숨은 조력자예요.
내가 직접 쓰지 않더라도, 누군가에겐 꼭 필요한 도움이 될 수 있어요. 그래서 세금은 '돈'이 아니라, '서로 돕는 마음이 모인 힘'이라고도 할 수 있어요!

개념 확장

공공 vs 개인
-우리는 어떤 선택을 해야 할까요?

우리는 살아가면서 돈을 두 가지 방식으로 써요. 첫 번째는 내가 물건을 사서 나를 위해 쓰는 것, 두 번째는 세금처럼 우리 모두를 위해 쓰는 것이에요. 예를 들어, 필통은 내가 산 거지만, 학교·도서관·소방서·병원 같은 것은 모두가 낸 세금으로 운영되는 공공시설이에요. 이처럼 세금은 나 하나가 아니라, 우리 모두를 위한 돈이에요. 예전에는 마을 사람들이 함께 도로를 고치거나 공동 창고를 나눠

썼지만, 지금은 세금이라는 방식으로 서로 도우며 함께 살아가는 약속을 하고 있어요.

나라별로 세금과 복지는 어떻게 다를까요?

❖ 유럽 복지국가

"세금은 많이, 복지는 넓게!"

스웨덴, 덴마크, 독일 같은 유럽 국가들은 세금을 많이 걷지만, 그만큼 국민 누구나 아플 때 병원에 가고, 어려울 때 도움을 받을 수 있는 복지 제도가 잘 되어 있어요.

- 병원 치료, 대학 등록금, 아이 돌봄 지원 등 많은 혜택이 무료이거나 저렴하게 제공돼요.
- 일자리를 잃거나 아플 때도 걱정이 적어요.

어떤 사람은 말해요.

==" 세금을 내는 대신, 나라가 든든하게 나를 지켜 줘요."==

❖ 미국

"세금은 적게, 선택은 자유롭게!"

미국은 비교적 세금이 낮은 나라예요. 대신, 병원비나 대학 등록금

등은 개인이 스스로 준비하고 책임지는 경우가 많아요.(하지만 메디케어, 메디케이드 같은 복지 제도로 일부 사람들을 지원해요.)

하지만 미국은 자유와 선택의 기회를 중요하게 여기는 나라예요.

왜 세금을 적게 낼까요?

- 개인이 스스로 원하는 의료보험이나 교육을 직접 선택할 수 있도록 하기 위해서예요.
- 나라가 아닌, 시민과 기업의 힘으로 좋은 서비스를 만들도록 유도해요.
- 이렇게 하면 경쟁이 생겨 더 나은 품질과 더 낮은 가격의 서비스를 제공하려는 노력이 생겨요.

어떤 사람은 말해요.

"내가 원하는 걸 고르고, 내가 책임지는 만큼 더 자유로워요."

"나라가 다 정해 주는 것보다, 내가 고를 수 있는 게 더 좋아요."

이처럼 미국은 자유와 경쟁을 통해 발전하는 사회를 꿈꾸며, 기업과 개인의 선택을 존중하는 방향을 택하고 있어요.

❖ 우리나라는 어디쯤일까요?

한국은 유럽과 미국의 중간쯤이에요.

- 옛날에는 세금도 적고 복지도 작았지만, 지금은 아이 돌봄, 노령 연금, 병원비 지원, 장애인 복지 등이 점점 늘어나고 있어요.
- 하지만 세금은 유럽보다는 적게 내기 때문에, 복지도 천천히 확대되는 중이에요.

어떤 사람은 말해요.

"한국은 자유와 복지의 균형을 찾는 중이에요."

우리는 어떤 사회를 원하나요?

세금을 많이 내는 사회는 모두를 도울 수 있는 나라이고, 세금을 적게 내는 사회는 선택과 경쟁이 살아 있는 나라예요.

좋은 사회란, 내가 원하는 방향과 책임을 스스로 생각하고, 모두가 잘사는 방법을 함께 고민하는 사회예요.

이제 여러분은 어떤 선택을 하고 싶나요?

- 나는 자유로운 선택이 많은 나라가 좋을까, 모두가 함께 돕는 나라가 좋을까?
- 내가 세금을 낸다면 어디에 쓰였으면 좋겠어요?
- 우리 반에서 '공공 VS 개인'을 주제로 토의한다면 나는 어떤 생각을 낼까요?

확장 활동

함께 사는 마을, 함께 만드는 경제

1. 세금으로 만든 마을 지도 만들기

우리 마을에는 학교, 공원, 도서관처럼 모두가 함께 사용하는 장소들이 있어요. 이 시설들은 대부분 '세금'으로 만들어지고 운영되고 있죠. 이번 활동에서는 우리 주변의 공공시설을 직접 지도로 표현해 보고, 어디에 어떤 세금이 쓰이는지 알아볼 거예요.

준비물

마을 또는 도시 지도 도안(직접 그려도 좋아요!), 색연필, 사인펜, 스티커 또는 작은 그림 카드(공공시설용: 학교, 소방서 등), 포스트잇 또는 설명 카드지

❖ **활동 방법**

1. 준비된 지도 도안에 우리 동네의 주요 장소들을 표시해요.

2. 그중에서 공공 시설을 골라 색칠하거나 스티커로 꾸며 봐요.

    (예) 학교, 도서관, 경찰서, 공원 등)

3. 각 시설에 붙은 포스트잇에 '어떤 세금이 어떻게 쓰이는지'를 짧게 써 넣어요.

> 예)
> - 소방서 – 주민세로 운영돼요
> - 도서관 – 교육세와 지방세로 지원돼요

❖ **응용 활동**

친구들과 함께 '가상의 마을'을 만들고, '어디에 어떤 시설을 먼저 세울지'를 정해 보세요.

2. 나만의 착한 기업 만들기

요즘에는 돈을 많이 버는 것보다, 사람들을 도우면서 일하는 착한 기업들이 늘어나고 있어요. 이런 기업을 사회적 기업이라고 불러요. 이번에는 여러분도 작은 사회적 기업을 직접 만들어 보는 활동을 할 거예요.

준비물

A4용지 또는 발표용 도화지, 색연필, 가위, 풀

사회 문제 리스트(예 쓰레기 문제, 외로운 어르신, 놀이터 부족 등)

기획서 템플릿(서식) (문제 – 아이디어 – 상품/서비스 – 수익 사용처)

❖ 활동 방법

1. 우리 주변의 문제 중 하나를 정해요.

   (예 동네에 쓰레기가 너무 많다, 외로운 어르신이 많다 등)

2. 그 문제를 해결할 수 있는 상품이나 서비스를 생각해 봐요.

   (예 친환경 가방 만들기, 어르신 도시락 배달 서비스 등)

3. 어떤 가격에 팔지, 벌어들인 수익은 어디에 쓸지, 어떤 포스터나 광고 문구를 만들지 기획서에 적어 보세요.

4. 이름과 로고도 함께 만들어 봐요!

❖ 응용 활동

- 학급 바자회나 미니 박람회에서 만든 사회적 기업 아이디어를 발표해 보세요.
- 친구들끼리 돌아다니며 서로의 기업을 구경하고 스티커 투표로 인기 기업을 뽑아 보세요!

7장 시민이 된다는 것은 어떤 것일까요?

● 지역사회 참여와 책임 있는 태도

중심 개념
시민
(Citizen)

관련 개념
지역사회
(Local community)

사고 개념
연관성(Connection)
책임(Responsibility)

연계 교과

- **도덕**: 정의의 의미를 생각하며 규칙을 만들고 지키는 태도 기르기, 시민의식 키우기
- **사회**: 선거의 중요성과 참여 방식 이해하기, 국회·행정부·법원의 역할 알기, 미디어를 비판적으로 활용하기
- **미술**: 디지털 매체와 다양한 재료를 활용해 작품으로 표현하기

탐구 질문

❖ 어린이도 지역사회에 어떤 방식으로 참여할 수 있을까요?

❖ 내가 누릴 수 있는 권리에는 어떤 것이 있고, 어떤 책임이 함께 따라올까요?

❖ 우리가 사는 지역사회를 더 나은 곳으로 만들기 위해 나는 어떤 행동을 할 수 있을까요?

교과서 속 연결 이야기

이 장에서는 시민으로 살아가는 데 필요한 권리와 책임을 여러 교과를 통해 배워요.

도덕 시간에는 '정의'가 무엇인지 고민하고, 규칙을 만들고 지키는 활동을 통해 공정하게 살아가는 태도를 익혀요. 내가 지킨 규칙이 다른 사람의 행복과 어떻게 이어지는지 생각하면서 올바른 시민으로 자라는 법을 배우는 거예요.

사회 시간에는 선거가 왜 중요한지, 그리고 사람들이 나라의 일을 함께 결정하는 방식이 어떻게 이루어지는지 알아봐요. 국회·행정부·법원이 어떤 역할을 하고 서로 견제하며 균형을 이루는지도 배우죠. 또 미디어가 사회에 미치는 영향과 정보를 비판적으로 받아들이는 태도의 중요성도 살펴보면서, 시민 참여가 다양한 모습으로 이루어진다는 것을 이해해요.

미술 시간에는 '정의로운 사회'나 '함께 살아가는 시민'을 주제로 그림이나 포스터를 만들며, 디지털 도구와 여러 재료를 활용해 자기 생각을 표현해요. 이렇게 배움을 예술로 확장하면서, 우리가 배우는 권리와 책임이 단지 지식에 머무르지 않고 창의적인 표현으로 이어지게 돼요.

이처럼 도덕, 사회, 미술 수업이 연결되어 우리는 시민으로서의 태도를 배우고, 참여의 의미를 이해하며, 그것을 스스로 표현하는 힘을 기르게 돼요.

급식 제안서

지후는 요즘 급식 시간이 즐겁지 않았어요. 이유는 매일 먹고 남는 잔반 때문이었지요. 친구들은 배가 불러 남기기도 했고, 어떤 날은 반찬이 입맛에 안 맞아 그대로 음식을 버리기도 했어요.

"이렇게 매일 버리는 음식이 너무 아까워."

지후는 국어 시간에 배운 '의견 제시하기'를 떠올리며 친구들과 이야기를 나누기 시작했어요.

"우리 반에서 일주일 동안 얼마나 음식을 남기는지 조사해 보자!"

"좋아! 그다음엔 선생님께 말씀드리자!"

친구들과 함께 급식 잔반을 사진으로 찍고, 양을 적어 기록했어요. 그리고 그 내용을 정리해서 발표 자료로 만들었어요.

며칠 뒤, 지후는 용기를 내어 학교 운영위원회 회의에 참석하게 되었어요. 이 회의에는 학부모, 선생님, 지역 주민 대표도 함께했어요. 마이크 앞에 선 지후는 발표를 시작했어요.

"안녕하세요. 저는 4학년 지후입니다. 우리 반은 음식물 쓰레기가 너무 많이 나오는 것이 문제라고 생각했어요. 그래서 일주일 동안 잔반을 기록했고, 어떻게 줄일 수 있을지 아이들끼리 아이디어를 모아 봤어요."

회의장에 있던 어른들은 조용히 지후의 말을 들었어요. 어떤 어른은 고개를 끄덕였고, 어떤 어른은 메모를 했어요. 지후는 계속 말했어요.

"저희는 학생들이 좋아하는 반찬을 조사해서 급식실에 알려 드리는 설문 조사를 하면 좋겠다고 생각했어요. 또 남긴 음식을 기록해서 줄어드는 걸 보게 하면 더 신경 쓰게 될 것 같아요."

회의가 끝난 후, 한 어르신이 다가와 말씀하셨어요.

"지후야, 너의 제안 덕분에 어른들도 중요한 문제를 알게 되었단다. 어린이도 충분히 지역사회의 시민이야."

그날 이후, 지후네 학교에서는 '급식 잔반 줄이기 프로젝트'가 시작되었어요. 시청에서는 이 아이디어를 지역의 다른 학교에도 소개해 보기로 했어요.

지후는 생각했어요.

"시민이 된다는 건, 그냥 나이가 많고 투표를 하는 게 아니라, 내가 사는 곳에서 더 나은 삶을 위해 말하고 행동하는 거였구나!"

개념 이해

시민은 어른만 되는 것일까요?

지금 우리가 배우는 '시민'이라는 말은 아주 오래전, 고대 그리스와 로마에서 처음 생겨났어요. 그 시대 사람들은 도시국가에서 함께 살아가며 법을 지키고, 회의에 참여하고, 나라의 일에 의견을 내는 사람을 '시민(citizen)'이라고 불렀죠. 하지만 그때의 시민은 누구나 될 수 있었던 건 아니에요. 자유로운 신분의 성인 남자, 특히 부모가 시민인 남자만 시민이 될 수 있었어요. 노예나 여자, 어린이 그리고 외국인은 시민으로 인정받지 못했답니다.

그러다 프랑스혁명과 미국독립전쟁 같은 큰 사건들을 겪으며 세상은 조금씩 바뀌기 시작했어요. "모든 사람은 평등하게 태어났고, 누구나 권리와 책임을 가진다."라는 생각이 널리 퍼졌고, 시민은 특별한 몇몇 사람이 아니라 더 많은 사람들, 특히 자유와 권리를 가진 사람들을 뜻하게 되었어요. 이때부터 사람들은 자신이 사는 마을과 나라의 일에 참여하고, 서로를 도우며 함께 사는 세상을 만들어 가는 일을 '시민의 책임'으로 생각하게 되었죠.

우리는 왜 시민이 될 수 없나요?

노예와 여자, 어린이는 시민 자격이 없단다

우리나라에서 '시민'이라는 말이 자리 잡기까지

이런 시민의 개념과 민주주의 정신이 우리나라에도 들어오게 되었어요. 조선 후기에 서양의 근대 사상이 조금씩 소개되었고, 개화기에는 새로운 학교와 제도를 통해 어린이들도 배울 수 있게 되었어요. 그러나 일제강점기에는 우리 스스로 나라를 다스릴 수 없었기 때문에 시민의 권리도 제대로 누릴 수 없었어요. 그래서 많은 사람이 독립운동을 하면서 "우리의 권리와 책임을 찾자!"라고 외쳤고, 그것도 하나의 시민의 행동이었던 셈이에요.

광복 이후 우리나라는 헌법을 만들면서 "모든 국민은 법 앞에 평등하며, 권리와 의무를 가진다."라는 내용을 넣었어요. 이로써 시민이라는 말이 법 속에 자리 잡게 되었고, 누구나 시민으로서 함께 살아가는 공동체의 일원이 되었답니다.

어린이도 지금, '시민'이에요!

그렇다면, 아직 어린 우리는 시민이 아닐까요?

그렇지 않아요! 우리가 아직 투표를 하거나 세금을 내지는 않지만, 지역사회와 학교 안에서 함께 살아가는 '어린이 시민'이에요. 예를 들어, 친구와 사이좋게 지내고, 규칙을 잘 지키며, 학교 환경을 깨

꿋하게 유지하려고 노력하는 것도 다 시민의 책임이에요. 더 나아가, 마을에서 일어나는 문제를 관찰하고, 우리가 할 수 있는 방법으로 참여하는 것도 어린이 시민의 활동이에요.

시민이 된다는 것은 단지 '내 권리만 챙기는 사람'이 아니라, 내가 속한 공동체를 생각하고, 함께 더 나은 세상을 만들기 위해 행동하는 사람이 되는 거예요.

우리가 지금 배우는 '시민 교육'은 어른이 되어서 시작하는 것이 아니라, 지금 이 순간부터 우리 안에 자라고 있는 것이에요. 친구를 돕고, 규칙을 지키고, 내 생각을 정리해 표현하는 작은 실천이 바로 시민의 첫걸음이란 걸 기억해 보세요.

개념 확장

시민으로서 나의 권리와 책임

시민이란 단지 나라에 속한 사람만이 아니라, 함께 살아가는 사회를 위해 권리와 책임을 나누는 사람이에요. 우리는 모두 이 세상의 시민이고, 이웃과 지구 공동체를 위한 소중한 구성원이에요.

내가 가진 권리: 태어날 때부터 누구나

사람은 누구나 태어날 때부터 가지는 소중한 권리, 즉 '인권(人權)'

을 가지고 있어요. 공부할 권리, 다치지 않고 안전하게 지낼 권리, 내 생각을 자유롭게 말할 권리, 아플 때 치료받을 권리 등은 모두 사람이기 때문에 마땅히 누려야 하는 자연스러운 권리예요. 이런 권리는 '자연법' 사상에서 비롯되었지만, 법과 국제 협약으로 보호받고 있어요.

이런 생각은 아주 오래전부터 있었지만, 지금 우리가 알고 있는 인권과 시민의 권리 개념은 유럽의 시민혁명과 민주주의의 발전 속에서 자라났어요. 그리고 지금은 유엔(UN, 국제연합)이라는 세계 기구가 중심이 되어 모든 사람의 인권을 보호하기 위해 노력하고 있어요.

특히 유엔아동권리협약(UNCRC)은 어린이도 소중한 권리를 가진 사람으로서 보호받을 권리, 참여할 권리, 발달할 권리가 있음을 강조해요. 초등학생인 우리도 사회에 관심을 두고 의견을 말할 수 있는 권리가 있다는 뜻이죠.

내가 지켜야 할 책임: 다른 사람의 권리도 함께

하지만 권리만 있고 책임을 다하지 않으면 사회가 혼란스러워질 수 있어요. 내 자유가 다른 사람의 자유를 해치게 되면, 그건 진짜 시민의 행동이 아니에요. 그래서 우리는 권리와 책임을 함께 배워야 해요.

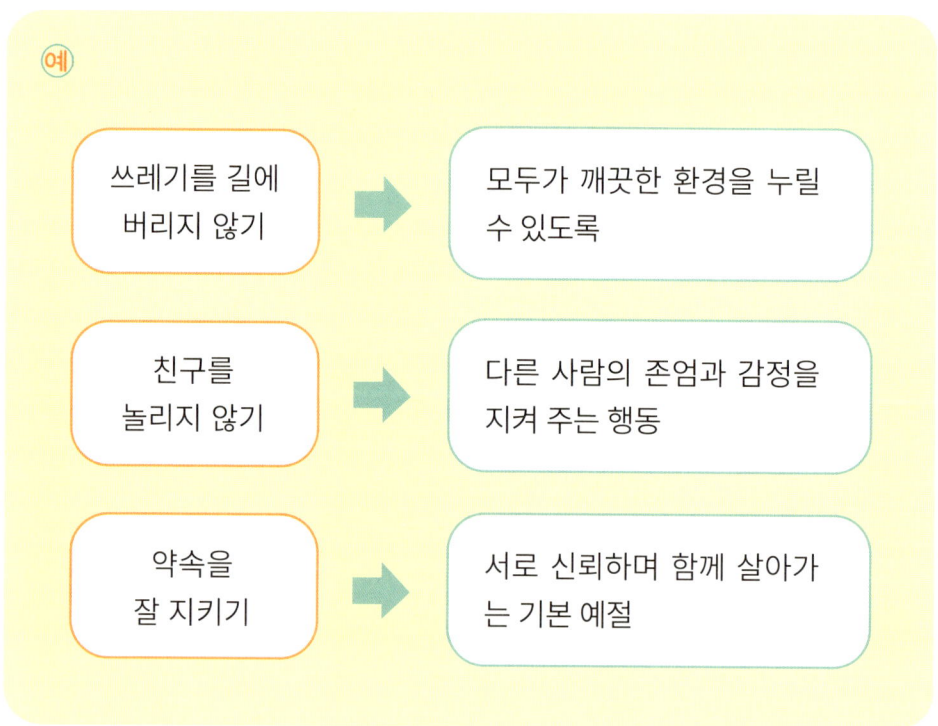

이런 작은 책임들이 모이면, 우리가 사는 사회가 더 안전하고 따뜻한 곳이 돼요.

시민으로 행동하기: 어릴 때부터 시작하는 변화

예전에는 왕이나 지도자 몇 명만이 사회의 규칙을 정했어요. 하지만 지금은 시민들이 스스로 의견을 모으고, 함께 더 나은 사회를 만드는 민주 사회예요. 그래서 우리는 초등학생일 때부터 내 생각을 말하고, 다른 사람의 의견을 듣고, 함께 문제를 해결하는 경험을 해 봐야 해요.

> 예
> - 놀이터에서 다툼이 생겼을 때 규칙을 함께 정해 보기
> - 동네 쓰레기 문제에 관해 토론하고 해결 방법을 친구들과 나누기
> - 학교 안에서 불편한 점이 있다면 선생님이나 친구들과 이야기해 보기

이런 행동 하나하나가 바로 어린이 시민의 실천이에요.

세계를 향한 나의 마음

우리는 한국이라는 나라의 시민이자, 지구촌의 시민(global citizen)이기도 해요. 유엔은 전 세계 시민들이 함께 평화롭게 살아갈 수 있도록 다양한 일을 하고 있어요. 기후변화, 전쟁, 가난, 인권 문제 같은 세계적인 어려움을 해결하려고 모두가 힘을 모으는 거죠.

그래서 시민의 권리와 책임은 내 가족이나 마을을 넘어서, 나라와 지구 전체로 넓어질 수 있어요. 우리가 지금 배우는 권리와 책임, 그리고 서로 돕는 마음은 언젠가 세계를 바꾸는 힘이 될 수 있답니다.

확장 활동

우리 마을을 바꾸는 어린이 시민 되기

1. 우리 마을 문제 찾기 & 해결 아이디어 제안하기

우리 마을에는 잘 보이지 않지만 고쳐야 할 문제들이 있어요. 예를 들어, 놀이터 그네가 고장 났다거나, 길이 너무 어두워서 위험한 것들이죠. 시민은 이런 문제를 그냥 넘기지 않고 관심을 가지며 좋은 아이디어로 해결 방법을 제안할 수 있어요. 여러분도 작은 시민이 되어 제안서를 써 보는 거예요!

준비물

마을 사진이나 그림, 관찰 노트, '어린이 시민 제안서' 양식 (A4 종이로도 가능), 색연필 또는 사인펜

❖ **활동 방법**

1. 동네를 천천히 걸으며 문제를 찾기

    - 놀이터, 골목길, 학교 앞, 횡단보도 등을 살펴봐요.

    - 위험하거나 불편한 점을 사진 찍거나 그림으로 그려요.

2. 문제를 글로 정리하기

    어디에서 어떤 문제가 있었는지, 왜 고쳐야 하는지 써 보아요.

3. 해결 아이디어 적기

    어떻게 바꾸면 좋을지, 자신의 아이디어를 제안서에 써요.

    > 예
    > - "놀이터 모래를 자주 바꿔 주세요."
    > - "횡단보도에 더 큰 전등을 설치해 주세요."

4. 예쁘게 꾸미기

    제안서에 그림도 넣고 색도 칠해서 보기 좋게 만들어요.

❖ **응용 활동**

- 완성한 제안서를 친구들과 나누고 투표로 좋은 아이디어를 뽑아 보세요.

- 학급 게시판에 붙여도 좋고, 선생님이나 주민센터에 실제로 전달해 보면 어떨까요?

2. '어린이 권리 포스터' 만들기

시민은 권리와 책임을 함께 가지고 있어요. 여러분은 어떤 권리를 소중하게 생각하나요? 공부할 권리, 놀 권리, 안전할 권리, 의견을 말할 권리! 이런 내용을 담아 멋진 권리 포스터를 만들어 볼 거예요.

준비물

A4 또는 도화지, 색연필, 크레파스, 사인펜

참고할 수 있는 권리 예시 목록

❖ 활동 방법

1. 내가 중요하게 생각하는 권리를 정하세요.

   예
   - "자유롭게 말할 권리"
   - "안전하게 놀 권리"
   - "존중받을 권리"

2. 포스터에 쓸 문장을 만드세요.

> 예
> - "나는 자유롭게 말할 권리가 있어요!"
> - "우리는 모두 다치지 않을 권리가 있어요!"

3. 그림 그리기
- 문장과 잘 어울리는 그림을 그려요.
- 캐릭터나 장면을 만들어도 좋아요!

4. 마무리 꾸미기
- 테두리, 배경, 색깔을 예쁘게 칠해 마무리해요.

❖ 응용 활동

- 만든 포스터를 학급이나 복도에 전시해 보세요.
- 친구들끼리 포스터를 소개하고, 어떤 권리가 가장 중요하다고 생각하는지 이야기 나눠 보세요.
- '우리 반 어린이 권리 선언문'을 만들어 보세요.

8장 나만의 마을을 만들어 볼까요?

공동체 구성 요소와 도시 설계

중심 개념
마을 (Town)

관련 개념
규칙 (Regulation)

사고 개념
기능(Function)
책임(Responsibility)

연계 교과

- **사회**: 인구·문화·교통의 변화를 탐구하며 마을과 도시의 구조와 특징 이해하기
- **실과**: 디지털 기술로 지속 가능한 마을 구상하며 사이버 공간에 자료 공유하기
- **창의적 체험활동**: 모둠별 마을 프로젝트를 통해 규칙을 세우고 협력하며 민주시민 역량 기르기

탐구 질문

❖ 마을에는 어떤 시설과 구조가 필요할까요?

❖ 마을 규칙은 왜 만들어야 할까요?

❖ 내가 만든 마을에서 가장 자랑하고 싶은 점은 무엇인가요?

교과서 속 연결 이야기

마을은 단순히 건물과 도로가 모여 있는 공간이 아니라, 사람들이 함께 살아가기 위해 조직과 구조, 그리고 규칙이 어우러진 공동체예요.

사회 시간에는 인구와 문화, 도시와 촌락의 특징을 비교하며 사람들이 모여 사는 공간이 어떻게 변해 가는지 배우고, 교통과 경제 활동이 마을의 성장과 어떤 관계가 있는지도 살펴봐요. 이렇게 우리는 마을이 단순히 사람이 모인 곳이 아니라, 인구와 교통, 문화가 서로 영향을 주고받는 구조라는 것을 이해하게 되지요.

실과 시간에는 친환경 건설 구조물의 원리를 탐구하고 생활 속에서 찾아보며, 마을을 지속 가능하게 만드는 방법을 배워요. 또 생활에 활용되는 디지털 기기와 기술을 이해하고, 이를 이용해 안전하고 편리한 미래 마을을 설계하는 경험을 해요. 더 나아가 발표 자료를 제작해 사이버 공간에 공유하면서 정보윤리를 지키는 태도도 함께 기르게 되지요.

창의적 체험활동 시간에는 친구들과 함께 모둠을 이루어 '우리 마을'을 계획하고 규칙을 세우는 프로젝트를 진행해요. 역할을 나누어 협력하며, 서로의 의견을 조정하고 더 나은 공동체를 만들기 위한 규칙을 스스로 정해 보는 과정을 통해 민주시민으로서의 태도와 책임을 기를 수 있어요.

그래서 마을을 만든다는 것은 단순히 공간을 꾸미는 일이 아니라, 사람들이 안전하고 행복하게 살아갈 수 있도록 시스템을 설계하고 모두가 함께 지켜야 할 약속을 세우는 과정이에요. 우리가 만드는 작은 모형의 마을 속에는, 더 나은 사회를 함께 만들어 가는 시민으로서의 배움이 담겨 있답니다.

메타버스 마을 만들기

지우는 요즘 친구 태윤이랑 로블록스에서 '나만의 마을 짓기 게임'에 푹 빠져 있었어요. 학교 끝나고 집에 오자마자 태윤이에게 메시지를 보냈죠.

"오늘은 공원 만들자! 그리고 병원도 옮겨야 해!"

둘이 만든 마을은 처음엔 아무것도 없었어요. 그냥 땅만 있는 가상 공간이었죠. 하지만 하나둘 건물을 짓고, 도로를 연결하고,

사람 모양 캐릭터들이 살기 시작하자 점점 진짜 마을처럼 보이기 시작했어요.

그런데 문제가 생겼어요.

"지우야, 사람들이 병원에 못 가고 있어. 길이 막혔나 봐!"

"앗, 내가 주차장을 병원 입구에 붙여 놔서 그랬나 봐… 금방 고칠게!"

지우와 태윤이는 도로의 흐름을 바꾸고, 시설의 위치도 다시 정리했어요. 놀이터는 주택가 가까이에, 쓰레기장은 멀찍이 떨어진 곳에 두었죠. 마트 옆에는 주차 공간을 만들고, 버스 정류장도 설치했어요.

그러면서 자연스럽게 마을에 '규칙'도 만들게 되었어요.

"도로엔 물건을 놓지 말기!"

"학교 옆엔 소음 나는 공장을 만들지 말기!"

"놀이터엔 꼭 CCTV 설치하기!"

이건 단순한 게임이 아니었어요. 마을을 잘 운영하려면 시설 구조, 사람들의 이동, 그리고 공공의 안전과 편의까지 생각해야 했죠.

"우리 마을엔 시장님이 없지만, 함께 규칙을 만들고 지키면 잘 돌아가는 것 같아."

태윤이 말에 지우는 고개를 끄덕였어요.

"맞아, 마을은 건물만 있는 게 아니야. 그 안에 사람들이 어떻게 함께 살아갈지, 어떤 구조로 조직될지, 어떤 약속이 있는지가 훨씬 더 중요한 것 같아!"

며칠 뒤, 학교에서 '나만의 마을 만들기' 수업을 하게 되었을 때, 지우와 태윤이는 망설임 없이 손을 들었어요.

"선생님! 저희는 메타버스에서 이미 해 봤어요. 진짜 마을을 만드는 것도 게임이랑 비슷할 것 같아요!"

그리고는 친구들에게 도로의 방향이 왜 중요한지, 학교나 병원은 어디에 있어야 하는지, 규칙이 없으면 어떤 문제가 생기는지를 신나게 설명했답니다.

지우와 태윤이는 가상 세계에서 시작된 마을 만들기 경험을 통해, 현실 속 마을도 누군가의 고민과 설계로 이루어졌다는 것, 그리고 모두가 잘 살아가기 위해선 조직과 구조, 규칙이 꼭 필요하다는 것을 몸으로 느끼게 되었어요.

개념 이해

마을은 어떻게 구성될까요?

도시 계획과 마을 이야기

우리가 사는 마을이나 도시는 그냥 자연스럽게 생긴 것이 아니에요. 사람들의 생활, 안전, 교통, 일자리, 문화 활동 등을 모두 고려해서 계획하고 만든 것이에요. 이것을 바로 도시 계획(urban planning)이라고 해요.

마을 안에는 여러 가지 기능이 있어요.

예를 들어

- 주민센터, 경찰서, 소방서 같은 공공 기관이 있어야 마을이 안전하게 운영되고
- 학교와 병원, 도서관 같은 교육과 복지시설이 있어야 아이들도 어른들도 편하게 지낼 수 있어요.
- 사람들이 다니는 도로, 버스정류장, 지하철역도 잘 연결되어 있어야 사람들이 잘 '움직일 수' 있어요.

이처럼 마을 안의 모든 것들은 각각 따로 움직이는 것이 아니라, 서로 서로 연결되어 하나의 구조(structure)를 만들고 있어요.

그리고 마을에 사는 사람들이 지켜야 할 규칙과 약속도 중요해요. 예를 들어, 신호를 지키고, 길에 쓰레기를 버리지 않으며, 조용히 해야 하는 공간에서는 목소리를 낮추는 등의 규칙들이죠.

전 세계 도시들은 어떻게 생겼을까요?

도시는 오래전부터 사람들이 함께 모여 살기 위해 생겼어요.

옛날에는 농사를 짓는 사람들이 강 근처나 언덕 아래 평지에 모여 살았고, 점점 사람들이 많아지면서 시장이 생기고, 길이 생기고, 건물도 생겼어요.

고대 로마: 아주 정리된 도시 구조로 유명했어요. 바둑판 같은 격자형 길을 설계하고, 중심부에 광장(포럼)을 두고, 그 주변에 목욕탕과 극장 같은 공공시설을 배치했어요.

이집트: 도시들은 나일강을 따라 생겨났고, 나일강의 물과 자원을 효과적으로 이용할 수 있도록 배치되었어요.

서울: 조선 시대부터 성곽도시로 계획되었고, 궁궐을 중심으로 관청과 시장, 백성들의 집이 배치되었어요.

파리: 넓은 거리와 공원으로 유명한데, 사람들이 걸어 다니기 좋게 만든 도시예요.

도쿄: 지하철과 버스가 아주 촘촘하게 연결되어 있어 사람들이 쉽게 이동할 수 있어요.

싱가포르: 도시국가 전체가 매우 체계적으로 계획되고 관리되고 있어요. 쓰레기, 물, 교통 뿐만 아니라 지속 가능한 시스템이 질서 있게 운영되죠.

도시를 만들 땐 무엇이 중요할까요?

도시를 만들거나 마을을 구성할 때는 단지 건물을 많이 짓는 것이 중요한 것이 아니에요.

- 어디에 학교가 있어야 아이들이 안전하게 오고 갈 수 있는지
- 어디에 시장과 병원이 있어야 어르신들이 편하게 지낼 수 있는지
- 길이 어디로 이어져야 차가 막히지 않고 잘 통하는지

이런 것들을 모두 미리 생각하고 계획해야 해요.

그리고 도시에는 다양한 사람들이 함께 살기 때문에, 모두가 불편하지 않도록 서로 협력하고 책임을 나누는 구조가 필요해요. 어떤 사람은 환경을 돌보고, 어떤 사람은 교통을 설계하고, 또 어떤 사람은 복지시설을 관리하죠.

이처럼 도시 전체가 하나의 팀처럼 움직여야 하는 거예요.

개념 확장

사람들이 몰려오는 마을과 나라 - 왜 그럴까요?

우리 가족이 잘 지내기 위해 집 안에 여러 공간이 필요하듯, 마을도 도로, 학교, 병원, 놀이터, 쓰레기장 같은 다양한 시설이 잘 연결되어 있어야 해요. 이런 마을을 '시스템(system)'이 잘 갖춰진 마을이라고 해요. 이런 마을은 사람들이 살고 싶어 하고, 시간이 지나면 그 마을은 더욱더 사람들로 북적이는 인기 있는 곳이 되어요.

사람들이 몰려오는 '살기 좋은 마을' 이야기

한국에도 사람들이 몰려드는 마을이 있어요. 예를 들어, 경기도 판교는 원래 조용한 곳이었지만, IT 기업과 연구소가 들어서고, 도로와 학교, 공원 같은 생활 시설이 잘 갖추어지면서 젊은 가족들이 많이 이사 오게 되었어요. 지금은 아이 키우기 좋은 동네로 소문이 나서, 집값도 많이 올랐고, 입주하고 싶은 사람들이 줄을 서는 곳이 되었죠.

또 다른 예는 세종시예요. 정부 부처들이 이전하면서 행정 중심 도시로 계획해 만든 곳이에요. 학교, 도서관, 산책길, 자전거도로, 공공 기관이 모두 잘 연결되어 있어요. 사람들이 "여긴 아이 키우기 좋은 도시야!"라고 하면서 점점 더 많은 사람이 이사 오고 있어요.

사람들이 이주해 온 '살고 싶은 나라' 이야기

마을뿐만 아니라, 나라 전체가 '살고 싶은 곳'이 되어 사람들이 모이는 예도 있어요. 이런 걸 이민(migration)이라고 해요.

- 캐나다는 공기가 맑고 자연이 아름다우며, 의료와 교육을 나라에서 많이 도와줘요. 그래서 전 세계에서 많은 사람이 이민을 가요.
- 핀란드, 스웨덴 같은 북유럽 나라들도 마찬가지예요. 세금은 많이 내지만, 대신 교육, 병원, 복지시설이 잘 되어 있어서 사람들이 편하게 살 수 있어요.
- 반대로 미국은 복지 제도가 덜 포괄적이지만, 개인의 자유와 선택, 도전할 기회가 많아서 많은 사람이 '꿈을 이루기 위해' 미국으로 가고 싶어 해요.

이처럼 나라가 어떤 시스템을 갖추고 있는지, 사람들에게 어떤 삶을 제공할 수 있는지에 따라 사람들은 그 나라로 이사하려고 해요.

좋은 마을 시스템을 만들면 생기는 일들

- 많은 사람이 이사 와요(이주, migration)
- 인구가 늘어나면 집이 부족해지고 집값이 올라요(부동산 가치 상승)
- 사람들이 오래 살고 싶어 하는 안전하고 편리한 마을이 돼요
- 아이들, 어르신, 장애인 등 모두를 위한 시설이 필요해져요
- 마을에는 더 많은 공공 서비스와 잘 짜인 규칙이 필요해져요

우리가 배워야 할 점은?

마을이나 나라가 사람들이 모이고 싶어지는 곳이 되려면 단순히 건물만 많이 짓는 것이 아니라, 그 안에 사는 사람들의 삶의 질을 생각하는 시스템이 중요해요. 누구나 편하고 안전하게 살아갈 수 있는 공공시설, 환경 보호, 배려하는 교통과 복지, 그리고 함께 지키는 규칙이 필요해요.

확장 활동

우리가 만드는 마을과 약속

1. 사람들이 모여드는 마을 설계하기

사람들이 이사 오고 싶어지는 마을은 어떤 모습일까요? 도로, 공원, 학교뿐 아니라 병원, 도서관, 대중교통, 복지시설 등 다양한 시스템이 함께 있어야 해요. 직접 그런 마을을 설계해 보며 좋은 마을 시스템이 무엇인지 생각해 볼 거예요.

준비물

모눈종이 또는 큰 도화지, 색연필, 자, 스티커(도로, 병원, 학교 등), 시설 명찰 카드

❖ **활동 방법**

1. 살고 싶은 마을의 모습을 먼저 상상해 봐요. 누가 살고, 어떤 시설이 필요할까요?
2. 꼭 있어야 할 시설을 정하고 목록을 만들어 봐요.
   (예 병원, 도서관, 아파트, 장애인 센터, 대중교통 정류장 등)
3. 도화지에 마을 구역을 나눈 뒤, 시설을 배치하고 도로, 녹지, 놀이터 등을 연결해 그려요.
4. 이 마을에 왜 사람들이 이사 오고 싶어 할지 설명해 보세요.
5. 각자의 마을을 합쳐 '이사 오고 싶은 연합 도시'를 만들어 봐요!

❖ **응용 활동**

- 인기 마을 3곳(예 판교, 세종시, 분당)의 특징을 조사하고 내 마을과 비교해 보세요.
- 마을 내 이주 현상 시뮬레이션: 어디에 사람이 몰릴지 인구 분포를 예상해 보세요.
- 부동산 가격 변화를 그래프로 그려 보세요.
  (예 공원이 있으면 집값이 오를까?)

2. 모두를 위한 마을 규칙 회의

많은 사람이 모여 사는 마을에는 꼭 '함께 지킬 약속', 즉 규칙이 필요해요. 좋은 규칙은 아이부터 어른, 장애인, 어르신까지 모두가 안전하고 행복하게 살아갈 수 있도록 도와줘요. 우리가 만든 마을에 꼭 필요한 규칙을 스스로 정해 봐요.

준비물

회의록 양식지, 역할 카드(사회자, 발표자, 기록자 등), 칠판 또는 포스트잇, 규칙 포스터 도안

❖ 활동 방법

1. 4~5명이 모여 우리 마을에서 발생할 수 있는 문제를 먼저 이야기해요. (예 쓰레기 문제, 교통 혼잡, 놀이터 소음 등)
2. 문제를 해결할 수 있는 규칙을 5가지 이상 정하고, 그 이유를 함께 써 보세요.
3. 각 모둠이 발표한 후, 친구들의 피드백을 받아 수정해요.
4. 정리된 규칙 중 가장 중요하다고 생각하는 것 하나를 뽑아 규칙 포스터를 만들어 봐요.

5. 이 규칙을 어겼을 때 생길 수 있는 문제를 역할극으로 표현해 보세요.

❖ **응용 활동**
- 실제 우리 지역(동네)의 조례나 규칙을 찾아 보세요.
- 외국의 마을이나 나라에 있는 재미있는 규칙을 소개해 보세요. (예 뉴질랜드의 '가축 우선 도로')
- UN 아동권리협약과 연결 지어, '어린이도 지켜야 할 권리와 책임'을 발표해 보세요.

9장
다양한 목소리를 듣는다는 것

다양성의 존중과 관점의 차이

중심 개념

의견
(Opinion)

관련 개념

다양성
(Diversity)

사고 개념

관점(Perspective)
연결(Connection)

연계 교과

- 국어: 주장의 타당성과 근거를 평가하며 질문을 만들고 토의에 참여하기
- 도덕: 편견의 원인을 탐구해 해결 방안을 찾고 다양성을 존중하는 태도 기르기
- 사회: 학급과 주민 자치 사례를 통해 민주주의를 이해하고 국제 문제 속 평화와 협력의 중요성 배우기

탐구 질문

❖ 왜 사람들은 같은 상황에서도 서로 다른 생각을 할까요?

❖ 나와 다른 생각을 하는 친구의 이야기를 어떻게 존중할 수 있을까요?

❖ 다양한 관점을 이해하면, 우리 사회는 어떻게 달라질까요?

교과서 속 연결 이야기

다양한 목소리를 듣는다는 것은 단순히 의견을 나누는 것을 넘어, 민주 사회에서 함께 살아가기 위한 중요한 약속이에요.

국어 시간에는 주장의 타당성과 근거를 살펴보고, 주제와 관련된 질문을 스스로 만들어 토의에 참여해요. 또 면담 절차를 이해해 목적과 상대를 고려하며 대화하고, 필요한 자료를 선별해 매체를 활용해 발표하지요. 친구들과 협력적으로 토의에 참여하고, 규칙을 지키며 타당한 주장과 근거를 들어 토론하는 힘도 기르게 돼요.

도덕 시간에는 편견이 왜 생기는지 탐구하고, 이를 해결하는 방법을 찾아보며 다양성을 존중하는 태도를 배워요. 또 세계 문제를 살펴보며 인류애를 기르고, 국적이나 문화가 다른 사람들을 이해하는 자세를 기르게 되지요. 이를 통해 우리는 나와 다른 목소리가 사회를 더 풍요롭게 만든다는 것을 알 수 있어요.

사회 시간에는 민주주의가 제도뿐 아니라 참여로 이루어진다는 점을 배우게 돼요. 학급과 주민 자치 사례를 통해 민주주의의 의미를 이해하고, 국회·행정부·법원의 역할을 배우며 정치 과정이 공정하게 운영되는 원리를 알게 돼요. 또한, 미디어가 의견을 전달하는 방식을 비판적으로 살펴보고, 국제적으로는 평화와 협력을 위한 참여의 중요성도 배우지요.

이렇게 국어, 도덕, 사회 수업에서 배우는 내용을 하나로 모아 보면, 다양한 목소리를 존중한다는 것이 곧 민주주의를 이루는 핵심임을 알 수 있어요. 서로의 생각을 듣고 존중하며 함께 조율하는 힘은 우리가 살아갈 공동체를 더 따뜻하고 공정하게 만드는 바탕이 된답니다.

지우의 의견이 도시를 바꾸다

주말 오후, 지우는 엄마와 함께 집 근처 공원을 산책하고 있었어요. 그런데 평소 자주 오던 놀이터가 공사 중이라는 안내판이 붙어 있었죠.

"엄마, 저 놀이터 없어지면 어디서 놀아요? 여기서 친구들도 만나고 뛰어놀았는데…"

엄마는 안내판을 가리키며 말씀하셨어요.

"시청에서 주민 의견을 받아 새로 바꾼대. 요즘은 공원을 그냥 만드는 게 아니라, 사람들이 직접 의견을 내고 같이 계획하는 '참여 설계'라는 방식으로 해."

"우리 같은 아이들 의견도 들어줄까요?"

그날 저녁, 지우는 시청 홈페이지에서 엄마의 도움으로 '도시 참여 플랫폼'이라는 곳을 발견했어요. 누구든지 의견을 쓰거나, 다른 사람의 제안에 찬성을 눌러 참여할 수 있었어요.

지우는 조심스럽게 글을 써 보기로 했어요.

"아이들이 안전하게 놀 수 있는 그네랑 미끄럼틀을 꼭 남겨 주세요. 나무 그늘에 벤치도 있으면 좋겠어요. 그리고 휠체어를 탄 친구들도 들어올 수 있게 만들어 주세요."

며칠 후, 지우의 글에 많은 사람이 공감을 눌렀고, 어떤 어른은 댓글을 달았어요.

"아이의 의견이 이렇게 구체적이고 따뜻할 줄 몰랐네요. 함께 생각해 봐요!"

며칠 후, 엄마가 신청해 놓으신 구청에서 열리는 주민 참여 워크숍 초대장이 왔어요. 지우는 엄마 손을 잡고 회의실에 들어섰어요. 다양한 직업을 가진 어른들, 대학생, 그리고 어린이 몇 명도 자리에 있었어요.

회의가 시작되자 여러 사람이 각자 생각하는 공원의 모습을 이야기했어요. 어떤 사람은 반려동물 놀이터를 원했고, 어떤 사람은 조용한 산책길을 바랐죠.

지우는 손을 들었어요.

"놀이터가 사라지면 우리 같은 어린이들은 어디에서 놀아야 해요? 어른들도 쉴 공간이 필요하지만, 어린이도 안전하고 신나는 공간이 필요해요. 그리고 휠체어를 타는 친구들도 놀 수 있게 해 주세요."

회의가 끝난 뒤, 구청 담당자는 말했어요.

"여러분의 의견을 바탕으로 공원 설계안을 다시 그려 보겠습니다. 특히 한 어린이의 말이 큰 도움이 되었어요."

 몇 달 후, 새로 완성된 공원에는 지우가 말한 그네와 벤치, 휠체어 경사로가 모두 마련되어 있었어요. 안내판 한쪽엔 이렇게 적혀 있었죠:

"이 공원은 모두의 목소리를 모아 함께 만든 공간입니다."

지우는 환하게 웃으며 그네에 앉았어요.

"도시는 어른들만의 것이 아니야. 나도 도시의 시민이야."

개념 이해

왜 다른 생각을 들어야 할까요?

사람은 누구나 자신만의 생각, 느낌, 그리고 경험이 있어요. 그래서 같은 상황을 보아도 서로 다르게 느끼고, 다르게 판단할 수 있어요. 예를 들어, 학교 급식에 매일 김치가 나오는 것에 대해 어떤 친구는 "건강에 좋고 맛있다."라며 좋아하지만, 또 어떤 친구는 "다른 반찬도 먹고 싶다."라며 아쉬워할 수도 있어요. 이런 서로 다른 생각이나 입장을 관점(Perspective)이라고 해요.

관점은 그냥 생기는 것이 아니라, 사람이 어떤 환경에서 자랐는지, 어떤 가족과 함께 살았는지, 무엇에 관심을 두고 있는지 등에 따라 달라져요. 그래서 관점이 다르다는 것은 틀린 것이 아니라, 세상을 보는 창이 다른 것이에요. 세상을 다양한 창으로 보면 더 많은 것을 볼 수 있겠죠?

하지만 만약 우리가 오직 자신의 관점으로만 생각한다면, 중요한 것을 놓치게 될 수도 있어요. 내 생각이 늘 정답은 아닐 수 있고, 다른 사람의 의견 속에 더 좋은 방법이 숨어 있을 수 있어요. 그래서 ==우리는 나와 다른 사람의 이야기를 듣고, 왜 그렇게 생각하는지를 이해하려는 태도가 필요해요. 모두가 서로 이어져 있기에, 사람들 간 연결(Connection)을 생각하는 태도가 중요해요.==

난 김치가 매일 나오는게 좋아!

난 김치보다 좀 더 다양한 반찬을 원해!

정치에서는 어떻게 다양한 생각을 모을까요?

사람들이 많이 모여 사는 마을이나 도시, 나라는 아주 다양한 생각과 관심을 가진 사람들이 함께 살아가는 곳이에요. 어떤 사람은 아이들을 위한 놀이터가 더 필요하다고 하고, 어떤 사람은 어르신을 위한 복지관이 먼저라고 생각해요. 또 어떤 사람은 자전거도로가 더 넓어졌으면 좋겠다고 하고, 어떤 사람은 차가 더 빨리 다닐 수 있게 도로를 넓히자고 말해요. 이렇게 다양한 의견이 있으면, 어떤 것을 먼저 해야 할지, 어떻게 정해야 할까요?

그래서 생겨난 것이 바로 정치예요. 정치란, 많은 사람의 의견을 듣고, 모두가 더 잘 살아가기 위해 규칙을 만들고 결정을 내리는 활동이에요. 우리가 '정치인', '국회의원', '대통령'이라고 부르는 사람들은 혼자서 결정하는 것이 아니라, 시민들의 다양한 목소리를 듣고 대표해서 말하는 역할을 해요.

이 대표들을 뽑는 것을 선거라고 해요. 어른들은 선거를 통해 자신이 믿는 생각을 하는 대표를 선택해요. 그 대표는 의회(시의회, 국회) 같은 곳에서 모여서, 시민을 대신해 중요한 문제들을 이야기하고 법도 만들어요. 이것을 입법(법을 만들고 고치는 것)이라고 해요.

하지만 정치인들이 시민의 모든 마음을 다 알 수는 없으므로, 사람들은 여러 방법으로 자신의 의견을 전달해요.

예를 들면

- 편지나 이메일을 의원에게 보내요
- 시청이나 구청 홈페이지에 민원을 올려요
- 주민 설명회나 공청회에 참석해서 자기 생각을 말해요
- 인터넷 설문 조사나 공공 활동에 참여하기도 해요

이런 과정을 통해 다양한 사람들의 생각이 모이고, 대표들이 그 의견을 바탕으로 더 나은 결정을 할 수 있어요. 우리가 학교에서 배우

는 의견 나누기, 토론, 주장과 근거 말하기는 바로 이런 정치 활동을 연습하는 과정이라고 볼 수 있어요.

또한 요즘은 어린이들도 직접 참여할 기회가 점점 늘고 있어요. 어린이 청원, 어린이 시의회 같은 활동도 있고, 학교에서도 학급회의나 전교 어린이 회의를 통해 아이들의 생각이 모이기도 해요. 이렇게 어릴 때부터 의견을 나누고 듣는 연습을 하면, 나중에 어른이 되어서도 사회를 더 좋은 방향으로 이끌 수 있답니다.

내 생각이 사회에서 들리려면 어떻게 해야 할까요?

내가 하고 싶은 말이 친구들에게, 선생님에게, 그리고 사회 전체에 잘 전달되려면 그냥 속으로만 생각해서는 안 돼요. 말로 표현하거나 글로 정리해서 이야기해야 해요. 국어 시간에 배우는 의견 말하기, 주장과 근거 쓰기, 토론 같은 활동이 다 이런 능력을 키우는 연습이에요.

또한, 다른 사람의 말도 잘 들어야 내 말도 들려요. 만약 모두가 자기 말만 한다면 아무도 서로를 이해할 수 없겠죠? 그래서 ==의견을 나눌 때는 존중하는 태도, 경청하는 마음, 그리고 협력하려는 자세가 꼭 필요==해요.

마을의 의견 게시판에 글을 올리거나, 지역 토론회에 참가하고, 학교에서 건의함에 편지를 넣는 것도 어린이들이 사회에 의견을 내는 방법이에요. 지금은 작은 목소리라도, 모이고 모이면 마을을, 도시를, 나중에는 나라 전체를 바꾸는 힘이 될 수 있어요.

개념 확장

세계는 어떻게 다양한 생각을 모을까요?

우리 반 친구들만 해도, 같은 주제에 대해 생각이 다 다르지요? 어떤 친구는 체육을 좋아하고, 어떤 친구는 미술을 더 좋아해요. 이렇게 사람마다 다른 생각과 입장이 있는 건, 마을에서도, 도시에서도, 나라에서도, 세상 전체에서도 마찬가지예요. 그렇다면, 세계는 어떻게 서로 다른 나라들의 생각을 모을까요?

UN(유엔)은 왜 만들어졌을까요?

20세기에 두 번의 큰 전쟁(제1차 세계대전과 제2차 세계대전)으로 많은 사람이 다치고 목숨을 잃었어요. 전쟁이 끝난 뒤, 나라들은 다짐했어요.

"다시는 이런 끔찍한 전쟁이 일어나지 않도록 하자. 나라들이 모여서 평화롭게 이야기할 수 있는 곳을 만들자!"

그래서 1945년, 미국, 영국, 중국, 소련(지금의 러시아), 프랑스 등 세계의 주요 나라들이 모여 '유엔(UN, United Nations)'이라는 국제기구를 만들었어요. 처음에는 51개 나라가 참여했지만, 지금은 193개 나라가 함께하고 있어요.

UN은 어떤 구조로 되어 있을까요?

UN은 전 세계가 함께 회의하고, 문제를 해결하는 공간이에요. 우리가 반 회의에서 의견을 모으듯, UN에서도 여러 나라가 각자의 생각을 말하고, 하나의 결정을 만들기 위해 노력해요.

주요 구조는 이렇답니다.

❖ UN의 주요 구조 ❖

기관 이름	하는 일
총회 (General Assembly)	모든 나라가 한 표씩 가지고 평등하게 의견을 말해요. 마치 전체 반 회의처럼요. 여기에서 중요한 주제를 함께 투표해 결정해요.
안전보장이사회 (Security Council)	전쟁, 평화, 군사 문제를 다루며 빠르게 결정해요. 15개 나라만 참여하고, 그중 5개 나라(미국, 중국, 러시아, 영국, 프랑스)는 항상 자리를 지켜요.
경제사회이사회 (ECOSOC)	가난, 교육, 건강, 환경 등 사회문제를 전문가들과 함께 고민하고 조언해요.
국제사법재판소 (ICJ)	나라 사이의 다툼이나 법적 문제를 공정하게 판결해요.
사무국 (Secretariat)	위에서 결정한 일들을 실제로 실행하고, 필요한 준비를 도와요. UN의 대표인 사무총장이 여기를 이끌어요.

UN에서는 어떻게 의견을 모을까요?

UN에서는 모든 나라가 자기 생각을 말할 권리가 있어요. 하지만 나라가 193개나 되니, 생각이 다 다르지요!

그래서 UN에서는 다음과 같은 방법으로 다양한 목소리를 모아요.

1. 먼저 각 나라가 의견을 발표해요.

(예 "기후변화에 대해 우리 나라는 이렇게 생각합니다.")

2. 공통점을 찾고, 다름을 조정하려고 노력해요.

서로 다른 생각의 이유를 듣고, 중간 방법을 찾는 거예요.

3. 투표를 하거나 합의문을 만들어요.

모두가 찬성하지 않더라도, 다수나 합의된 안으로 결정을 해요.

4. 결정된 내용은 실제로 행동으로 이어지게 돼요.

교육, 식량, 의료 지원, 환경보호 같은 활동이 전 세계에서 실행돼요.

나도 세계 시민이에요

UN에 가서 직접 회의는 못 하더라도, 우리도 어린이 세계 시민이에요.

- 친구가 나와 다른 의견을 말할 때, 끝까지 들어 주는 것
- 반 회의나 가족회의에서 자기 생각을 정리해 말해 보는 것
- 뉴스를 보며 지구 반대편 나라의 이야기도 관심 두는 것

이런 습관이 바로 세계 시민으로 자라는 씨앗이에요.

세상은 점점 서로 연결되고 있어요.

내가 먹는 초콜릿은 아프리카에서 온 코코아로 만들고, 내가 사용하는 휴대전화도 여러 나라 부품이 모여 만들어진 거예요. 그래서 다양한 생각을 듣고, 조율하고, 협력하는 힘이 정말 중요해요.

UN이 하는 것처럼, 우리도 서로의 의견을 잘 듣고, 자유롭게 말하며, 함께 결정하는 사람이 되어 보아요. 그게 바로, 다양한 목소리를 존중하는 세계 시민의 첫걸음이랍니다.

확장 활동

다른 생각, 함께 듣기

하나의 주제에 대해 사람마다 생각이 달라요. 예를 들어, 어떤 친구는 공연을 하고 싶고, 어떤 친구는 체육 활동을 원해요. 또 어떤 친구는 준비가 부담스러울 수도 있어요. 이 활동에서는 서로 다른 입장을 가진 역할을 맡아 보고, 그 처지에서 말하고 들어 보는 연습을 할 거예요.

> **준비물**
>
> 입장 카드(예 공연을 원하는 아이, 체육 대회를 원하는 아이, 준비가 부담스러운 아이, 관람만 하고 싶은 아이 등 4~6가지), 역할 이름표 또는 모자, 토론 주제 안내 카드(예 학교 축제, 점심 메뉴, 운동회 종목 등)

❖ **활동 방법**

1. 친구들과 4~5명씩 모둠을 만들어요.

2. 각자 입장 카드를 한 장 뽑고, 역할 이름표를 달아요.

    (예 "나는 체육 대회를 원하는 학생입니다")

3. 주어진 주제에 대해 자기의 처지에서 의견을 말해 보세요.

    (예 "저는 체육을 좋아해서, 친구들과 함께 뛰는 활동이 축제에 딱 맞는 다고 생각해요!")

4. 서로의 의견을 경청하면서 어떤 이유로 그런 생각을 하게 되었는지 질문해요.

5. 모든 발언이 끝난 후, 모둠에서 나온 다양한 의견을 정리해 칠판이나 종이에 정리해 봐요.

6. 마지막으로, 모든 입장을 존중하면서 조합할 방안을 함께 찾아보세요.(예 "오전엔 공연, 오후엔 체육 활동을 하는 건 어때요?")

❖ **응용 활동**

- 같은 상황을 여러 번 토론하며 처지를 바꿔 보는 역할 바꾸기 게임을 해 보세요.
- 인터뷰한 친구 입장이 되어서 다시 말해 보는 '입장 대변 토론'도 좋아요.
- 실제 반 회의에서 연습한 방식을 활용해 축제, 급식, 놀이 규칙 등에 적용해 보세요.

나는 체육을 좋아해서 체육대회를 했으면 좋겠어!

나는 멋진 공연을 하면 좋을 것 같아!

나는 체육을 잘 못해서 부담스러워.

처음 시작하는 IB 수업
우리는 함께 세상을 만들어가요
(How We Organize Ourselves)

1판 1쇄 발행
2025년 10월 30일

지은이 김선 | **발행처** 도서출판 혜화동
발행인 이상호 | **편집** 이희정
주소 경기도 고양시 일산동구 위시티3로 111
등록 2017년 8월 16일 (제2017-000158호)
전화 070-8728-7484 | **팩스** 031-624-5386
전자우편 hyehwadong79@naver.com

ISBN 979-11-90049-57-3 (74370)
ISBN 979-11-90049-52-8 (세트)

ⓒ 김선 2025
이 책은 저작권법에 따라 보호를 받는 저작물이므로 무단 전재와 무단 복제를 금지하며,
이 책의 전부 또는 일부를 이용하려면 반드시 저작권자와 도서출판 혜화동의 서면 동의를
받아야 합니다.

* 책값은 뒤표지에 있습니다.
* 잘못된 책은 바꾸어 드립니다.